COMUNICAZIONE ASSERTIVA

Imparare a Comunicare in Modo Efficace, Saper Dire di No Gestendo Ansia, Stress ed Esprimersi Senza Timore

Sommario

Introduzione

Chi saremmo senza comunicazione? L'umanità ha fatto e sta facendo tutt'oggi scoperte ed invenzioni fuori dall'ordinario. La nostra intelligenza supera di gran lunga quella di qualsiasi altro essere vivente, è proprio questa dote che infatti ci permette di surclassare anche gli esseri viventi più forti o veloci di noi. La società odierna vede uno sviluppo senza precedenti ed è progettata in modo che ognuno svolga il proprio compito per assicurare un buon andamento della stessa. Ognuno di noi in fondo ha un lavoro, per la quale servono delle competenze, giusto? Ma non soffermiamoci soltanto sul lavoro, parliamo anche di amicizie, di relazioni sentimentali: c'è qualcosa che può unire tutto questo? Qual è la chiave che ci permette di costruire una carriera lavorativa di successo, una cerchia di amici di nostro gradimento ed una relazione sentimentale soddisfacente?

La risposta è da andare a ricercarsi in una delle abilità più primitive che l'uomo ha sviluppato. Fin dall'albore dei tempi si è vista infatti la necessità di un linguaggio. Senza un linguaggio efficace non sarebbe possibile mettere a frutto nemmeno un briciolo della nostra intelligenza. Non sarebbe mai stato possibile erigere palazzi, oppure costruire governi, conoscere le parti più profonde delle altre persone o ancora più semplicemente unirsi attorno al fuoco e fondare la prima tribù. Scommetto che non ci manco di molto se dico che il primo capo di una tribù non era soltanto un individuo forte e scaltro, ma soprattutto un ottimo comunicatore. Sicuramente ha saputo unire gli spiriti degli altri individui utilizzando la propria intelligenza emotiva, ovvero la capacità di comprendere, immedesimarsi nelle situazioni degli altri e fare breccia nell'animo.

Ad oggi, le capacità che vengono richieste per poter lavorare sono le più svariate, c'è chi vuole persone determinate, indipendenti, oppure chi richiede delle ottime capacità nella programmazione di computer, oppure nel "problem-solving", nel prendere scelte in breve tempo, eccetera. È giusto che ogni lavoro abbia una serie di capacità che determinano l'adeguatezza di una persona ai compiti che deve eseguire, ma come abbiamo visto c'è una chiave che unisce tutto questo, compresa la capacità di poter persuadere persone nell'aderire alla propria causa, oppure nel trovare potenziali partner, o ancora nello stringere nuove amicizie.

È proprio il linguaggio, o meglio, la comunicazione che sta alla base di tutto questo. I più grandi individui che si siano mai visti su questo pianeta, oltre ad essere dotato di grande intelligenza ed abilità particolari, si sono sempre distinti come ottimi comunicatori. La comunicazione: una dote essenziale per farsi capire, per farsi seguire ed in alcuni casi anche per farsi apprezzare. Non pensate che le grandi persone della storia non fossero piene di dubbi come potreste esserlo voi in questo istante, oppure che semplicemente fossero nate "così". Ognuno affronta un percorso unico che lo scolpisce in una determinata maniera, ma se tu prendi il controllo, allora puoi cambiare la tua vita. Le doti comunicative non sono qualcosa di innato, certo ci sono dei tratti caratteriali favoriti, ma chiunque può imparare a comunicare in maniera diretta ed efficace.

Tutto ciò che bisogna fare è rimuovere quelle credenze limitanti e spesso anche false che ci impediscono di ingranare la sesta marcia, e poi capire quali sono effettivamente le doti da imparare, i comportamenti ad adottare eccetera. Molti manuali si soffermano molto sul lato teorico della comunicazione assertiva ma poi lasciano l'utente in un limbo, dal momento che ha messo l'impegno per poter cambiare ma ora si trova con un mucchio di spiegazioni scientifiche che non sa applicare alla realtà. Non lo considero certo un ottimo approccio, la scienza bisogna lasciarla a chi la studia, noi la dovremo utilizzare soltanto quel poco che ci serve e poi capire come possiamo realmente affrontare la vita con una comunicazione assertiva.

Se pensi che questo libro sia una sorta di "incantesimo" per poter imparare la comunicazione assertiva soltanto con lo sforzo di leggerlo, allora sono desolato, ma ti devo deludere. Quello che ci vuole è un impegno da parte tua, non soltanto di mettere in pratica le tecniche comunicative che verranno spiegate, ma soprattutto di mettere in dubbio sé stessi. Non è mai bello sentirselo dire ma se in questo momento non sei in grado, ad esempio, di socializzare, probabilmente hai sbagliato a farlo per tutta la vita. Questo non vuol dire che devi cancellare quello che tu sei stato, o stata, ma più semplicemente che devi avere la forza di volontà per metterti in dubbio e accettare che ci sono delle cose che fai nella maniera "sbagliata". Sbagliato è una parola che non amo personalmente, preferisco infatti utilizzare "non funzionale al tuo obbiettivo", perché ci sono comportamenti funzionali ad una comunicazione assertiva ed altri comportamenti che invece non lo sono per niente.

Questo non vuol dire che devi cambiare quello che tu sei, ovvero i tuoi valori, i tuoi gusti oppure il tuo modo di fare umorismo, anzi, è l'ultima cosa che vorrei vederti fare. Quello che tu sei è il pilastro assoluto per poter essere sicuri di sé stessi. È assolutamente indispensabile rimanere genuini e non agire in maniera meccanica, d'altronde pensaci: quali sono le persone che più preferisci? Quelle poco naturali e formali, oppure quelle che si lasciano andare, che a costo di fare qualche brutta figura dicono quello che pensano e si distinguono per le proprie peculiarità? Sappiamo tutti che la vera bellezza e libertà sta nell'essere sé stessi senza filtri, per cui non modifichiamo ciò che siamo inutilmente.

Alla fine di questo libro ti troverai con dei concetti molto interessanti e dei punti di vista che con tutta probabilità non avevi mai valutato. Sei libero/a di come preferisci, dopo averli capiti allora puoi trarre le tue conclusioni e anche modificarli se vuoi. Noi esseri umani siamo delle macchine complesse, ma pur sempre delle macchine, che né più né meno possono essere capite se studiate. A questo punto allora immergiamoci in questa prima parte perlopiù teorica e cerchiamo di capire che cos'è realmente la comunicazione assertiva.

CAPITOLO 1

Che cos'è la comunicazione assertiva?

Vorrei partire da un concetto a cui ho già accennato nell'introduzione, ovvero che noi tendiamo a guardare le altre persone con ottime capacità comunicative e vediamo questa loro comunicazione efficace come se fosse un dono. Pensiamo che sia una sorta di condizione fisica, per esempio come io sono alto un metro e settantacinque e basta, sono nato così, non posso diventare un metro e ottanta.

Accettiamo la realtà ma poi ci ritroviamo puntualmente ad invidiare queste persone perché vediamo che questa singola abilità è estremamente utile. Non sto parlando di parlare in una maniera "ingannevole", ovvero convincere le persone di ciò che invece non è vero.

Sto parlando di una comunicazione utile, diretta al punto e che soprattutto funziona.

Funziona bene perché quando la metti in pratica non stai soltanto *parlando* con le persone, stai *trasmettendo*. Sto parlando di fare in modo che le persone capiscano il tuo punto di vista, capiscano i motivi che ti portano a pensare quello che pensi anche senza doverlo spiegare, ma più semplicemente perché captano lo spirito con cui lo dici. Quel genere di comunicazione per la quale spesso e volentieri anche coloro che sono contro di te annuiranno e ammetteranno che comunque anche tu hai le tue ragioni per pensarla così.

Il problema è che quando vediamo queste persone, la nostra scarsa sicurezza in noi stessi ci porta a pensare che c'è qualcosa in noi che non va. Pensiamo che a noi manchi questo ingranaggio e quindi non possiamo arrivare dove sono quelle persone. Lo sapevi che quello che pensiamo è estremamente potente? Dico sul serio. Per esempio, pensa a qualcosa che vorresti fare, per esempio andare a sciare, oppure aprire un blog dove parli del tuo hobby preferito. Adesso prova a pensare che non puoi farlo, esattamente come fai per la comunicazione assertiva. Pensi che riuscirai mai ad andare a sciare se pensi di non poterlo fare? Certo che no, se tu pensi che non puoi, allora le possibilità scendono a zero.

Questa è una cosa negativa? No, perché dunque dev'essere vero anche il contrario! Ovvero se io penso che posso, allora le possibilità si alzano a mio favore. Chiaramente non è una percentuale di successo del cento per cento, ma se tu inizi a pensare che puoi fare scii, allora la tua mente ti assisterà nella tua volontà, per esempio rilascerà degli ormoni per darti la motivazione di trovare un corso adatto ad imparare, qualcuno che ti accompagni eccetera.

Così come sciare, o scrivere ottimi contenuti per il proprio blog, l'assertività è proprio un'abilità, e come le fantastiche abilità che già certamente possiedi, possiamo impararla.

Se vogliamo dare una definizione di assertività, allora possiamo dire che si tratta di una sorta di equilibrio. Infatti l'assertività è quell'abilità di esprimere ciò che realmente pensi in modo calmo e positivo, senza dover assumere atteggiamenti aggressivi e far arrabbiare gli altri. In poche parole esprimere i propri pensieri nella maniera più appropriata a rispettosa.

Ci sono persone che sono timide, tranquille e riservate e quindi assumono un atteggiamento passivo. Ci tengono a dire che essere delle persone tranquille è un ottimo pregio, ma la timidezza non è altro che una maschera per l'ansia, ovvero un problema che può essere risolto. L'atteggiamento passivo non è altro che lo scusarsi continuamente, anche quando non toccherebbe a noi, o nessuno, farlo. Oppure dire sempre di sì alle altre persone per paura di scatenare la loro ira, non dire quello che si pensa perché si teme che gli altri ci giudichino. Se sei questo tipo di persona allora imparerai un metodo comunicativo molto più efficace per poterli relazionare sul lavoro, in famiglia ed in ambiti sociali.

Altre persone invece agiscono in maniera aggressiva, non vogliono essere percepite come deboli e, così come i passivi, temono costantemente che gli altri vogliano essere superiori, solamente assumono un atteggiamento diverso verso questa paura. Esprimono i propri pensieri in maniera esageratamente autoritaria perché non vogliono che gli altri li giudichino, e tentano di spegnere il giudizio con la loro "superiorità". Lo vedi dov'è il problema? Eh già, anche qui non c'è l'equilibrio assertivo!

Mi ripeto, una persona assertiva è equilibrata. Questo vuol dire che rispetta senz'altro le persone intorno a sé, ma agisce nel proprio interesse, in quanto capisce che deve rispettare se stesso proprio come gli altri. Una persona assertiva fa ciò che realmente desidera senza paura o sentirsi ansioso al riguardo. Per alcuni di voi questo può sembrare davvero un cambiamento enorme, ma vi assicuro che non è nulla di straordinario.

Possiamo fare un esempio di comportamento assertivo e non assertivo.

Marco vorrebbe programmare una vacanza ad Ibiza per potersi rilassare in spiaggia. Laura dal canto suo preferirebbe invece vedere Madrid, molto più centrale, per le sue splendide bellezze culturali. Marco non sopporta l'idea di eliminare il mare dalla vacanza e si scaglia su Laura dicendo che non ha voglia di passare l'estate in una città arida e lontana dal mare, che quell'idea è sciocca e va scartata.

Laura sicuramente non l'ha presa bene, infatti si sentirà offesa dalla reazione di Marco e la prossima volta sarà riluttante nell'esprimere la propria idea. Marco ha fatto passare la sua idea, ma non è stato equilibrato, infatti Laura non lo rispetta per il modo in cui l'ha trattata e continuerà a non amare l'idea di non vedere una città culturale.

Se solo marco sapesse che è possibile imparare la comunicazione assertiva! Avrebbe potuto rispondere in maniera diversa, dicendo che Madrid è una bella città ma che sente il bisogno di rilassarsi in spiaggia, e quindi potrebbero trovarsi d'accordo sull'andare in una città culturale ma comunque non troppo distante dal mare.

Vedete come la differenza è minima, ma i risultati sono completamente stravolti. Immaginate questo comportamento aggressivo di Marco ripetuto per ogni discussione che ha nella sua relazione con Laura, non mi stupirebbe se un giorno si lasciassero per questo motivo. Capisco che lo stress della società odierna è molto forte, ma tutti noi possiamo imparare a controllare le emozioni, gestire la rabbia ed il nervosismo, specialmente quando si tratta di comunicare con altre persone.

Quali sono i problemi di una comunicazione non-assertiva?

Ovviamente, se tu stai leggendo questo libro allora vuol dire che hai visto quali sono i problemi di una comunicazione passiva, aggressiva, o comunque inefficiente. Proprio per questo motivo non mi focalizzerò troppo su questo punto, tuttavia alcune persone potrebbero giovare dal leggere, sia perché potrebbero non essere coscienti della natura non-assertiva di alcune problematiche ma anche per semplice scopo informativo.

Se sei timido e quindi assumi un atteggiamento passivo, allora il problema alla quale sarai andato sicuramente incontro è di non essere in grado di prendere una posizione e credere fermamente nelle tue opinioni. Questo deriva dalla paura che le altre persone si arrabbieranno con te, o ti giudicheranno se tu esprimerai la tua opinione, oppure che nessuno capirà ciò che intendi dire.

La conseguenza negativa di questo comportamento è che tendi ad essere un "accontentatore", ovvero ti rifugi da questa paura facendo l'opposto di esprimere la tua opinione, infatti confermi soltanto quelle degli altri. Quando una persona esprime la propria opinione controbatti raramente ed anche se sei in disaccordo tendi comunque a dare ragione a quella persona.

Quando sei un accontentatore diventa anche difficile mettere i propri bisogni davanti a quelli degli altri. Per esempio quando devi prendere un appuntamento con una persona tendi a soddisfare quelli che sono i suoi giorni liberi perché *"sicuramente lui ha più da fare di me, io posso anche incastrarlo per il venerdì, farò una fatica immane a venire ma sarei un egoista a dirgli che non riesco questa settimana"*. Un egoista? Non credo proprio. Prova a valutare la situazione opposta, in cui è l'altra persona a scusarsi e dirti che questa settimana non ha tempo, come reagiresti? Ti arrabbieresti? Lo odieresti? Oppure capiresti perfettamente la sua situazione? Pensi che gli altri siano diversi da te? D'altronde, se anche qualcuno si arrabbiasse per un appuntamento spostato, sarebbe lui ad avere un problema nel gestire le emozioni, non tu.

Una mancanza di assertività può causare problemi piccoli ma costanti nella quotidianità, che alla lunga si ingrandiscono come una palla di neve che rotola giù da una montagna. La maggior parte delle persone oggi è perlopiù ansiosa, e non si può dire che l'assertività sia una dote molto diffusa. Il più degli individui assume un atteggiamento passivo, infatti la maggior parte delle persone che incontri sono proprio così. Se tu impari ad essere assertivo e far valere quello che pensi, potrai uscire facilmente dalle situazioni di stallo, imbarazzanti o di indecisione.

Per esempio mi capitava spesso, specialmente con nuove conoscenze, che al momento di prendere una semplice scelta, ad esempio dove andare a mangiare, nessuno dei due sapeva dove andare. Difficilmente una persona non sa che cosa ha voglia di mangiare, è soltanto la passività che causa il problema, entrambi avevamo paura di dire ciò che realmente pensavamo. Che sciocchezza, avremmo anche potuto scoprire di avere gli stessi gusti!

Non solo, mi sentivo anche in colpa di non fare sentire quella persona a proprio agio e mi dispiacevo perché non riusciva a dire quello che pensava, come se fosse stata una mia colpa. Se fossi stato più assertivo avrei potuto esprimere dove davvero volevo mangiare fin da subito, rompere il ghiaccio ed uscire da quel circolo vizioso della paura.

Una mancanza di assertività può causare problematiche anche all'interno delle relazioni, infatti il tuo partner potrebbe inizialmente apprezzare l'idea di essere sempre accontentato, ma nel lungo termine ciò potrebbe comportare delle problematiche. Ad esempio come si potrà condurre una relazione felice per entrambi i membri se a fronte di scelte difficili come per esempio intraprendere una convivenza, oppure fare un figlio, uno dei due (o peggio, entrambi) non saranno in grado di prendere una decisione sincera? Ho visto relazioni andare in pezzi per questo motivo, i partner sembravano andare d'accordo ma soltanto perché uno dei due tendeva ad accontentare l'altro e non faceva valere le proprie opinioni. La situazione diventa considerevolmente peggiore quando invece uno dei due ha una comunicazione passiva e l'altro aggressiva.

Facciamo anche fatica a dire "no". Ci sentiamo in colpa, se una persona ci chiede un favore allora iniziamo a pensare che sia la nostra responsabilità aiutare quella persona, non ci passa per la testa che può anche cavarsela da sola, o chiedere a qualcun altro, se noi non possiamo aiutarla. I passivi spesso e volentieri fanno enormi sacrifici solamente perché non volevano declinare una richiesta. Questa è una qualità assolutamente straordinaria, infatti essere gentili non è una cosa negativa, ma bisogna ricordarsi che prima delle esigenze degli altri, ci sono le nostre.

Questo atteggiamento porta spesso all'insorgere di ansia o anche depressione. Quando ripetiamo abbastanza a lungo questi ragionamenti di accontentamento degli altri, allora vedremo la nostra vita prendere una direzione che non ci piace perché non siamo noi a controllarla, ma gli altri lo fanno per noi. Per esempio ad un passivo può capitare di evitare di prendere determinate scelte perché ha paura che poi qualcuno penserà male di ciò.

Come si può essere felici se non si accetta quel lavoro che tanto ci piace? Se non ci si trasferisce in quella città che amiamo? Oppure se non prendiamo quel treno che passa una volta sola?

I vantaggi di una comunicazione assertiva

Non tutti capiscono bene che cosa voglia dire essere delle persone assertive. Come abbiamo visto si tratta di mantenere un equilibrio tra il rispetto di sé stessi e le proprie idee, e le altre persone e le loro idee. Molte persone però perdono quest'equilibrio, oppure non lo trovano mai. Molti non capiscono bene che cosa dovrebbero fare e dunque si lanciano in un atteggiamento tendente all'aggressivo, pensando che dominare sia sempre meglio.

Non pensate che queste persone siano meno spaventate dei passivi, mi raccomando! Sono esattamente sulla stessa barca, infatti passivi ed aggressivi vivono la stessa situazione di paura di fronte alle altre persone e le loro idee, la differenza? Affrontano la paura in maniera diversa.

I passivi la affrontano rintanandosi nel loro guscio, mentre gli aggressivi preferiscono usare la prepotenza per far passare le proprie idee. Potreste pensare che essere aggressivi sia meglio perché, perlomeno, si esprime ciò che si pensa. I problemi che ne conseguono però sono essenzialmente due:

- In primo luogo, le persone non ti rispettano, dal momento che tu non rispetti loro con il tuo atteggiamento aggressivo. Per questo motivo le tue idee potranno anche essere captate a livello orale, ma difficilmente trasmetterai il messaggio che realmente vorresti far passare. Quindi è una tecnica di comunicazione inefficace.

- In secondo luogo, non si affronta il problema alla radice! Il fulcro del problema qui è che non c'è nulla di cui aver paura nel dire la propria opinione, a meno che non ti venga puntata una pistola alla testa! Infatti non c'è bisogno di essere né passivi, né aggressivi. C'è bisogno di essere assertivi, ovvero tranquilli, rispettosi e consoni alla situazione. Difficilmente il tuo capo ti licenzierà se gli spieghi con assertività che il carico di lavoro assegnato è troppo alto.

Al contrario, vediamo ora i significativi vantaggi di essere una persona dalla comunicazione assertiva, ovvero avere un'autostima migliorata: infatti, una volta che imparerete a dire quello che pensate e distruggerete le credenze non funzionali, la vostra autostima pian piano si ricostruirà.

Potrete anche affrontare situazione di discomfort con più tranquillità, ed una volta che riuscirete a trasmettere le vostre idee ed il modo in cui vi sentite con efficacia, le persone vi rispetteranno.

Questo forse è il vantaggio più bello di tutti: potrete prendere le vostre decisioni! Sarete finalmente liberi da quella sciocca credenza che voi dovete sottostare al volere degli altri (spesso il volere degli altri lo immaginiamo noi, e non corrisponde alla realtà), infatti sarete liberi di fare quelle scelte che per tanto tempo sono rimaste chiuse in un cassetto!

Potrete inoltre godere di relazioni di amicizia e sentimentali più vere, non dettate dal volere unisono di un individuo ma guidate dai desideri di più menti che si incontrano e si mettono d'accordo per poter essere felici. Sarete anche in grado di prendere in mano la situazione quando capite che è impossibile mettersi d'accordo con una persona, senza dover necessariamente degradare il vostro rapporto.

Sarete meno stressati. Dal momento che sarete in grado di prendere decisioni autonome e non distorte dal volere degli altri, godrete della libertà di poter salvaguardare la vostra tranquillità declinando richieste che altrimenti la danneggerebbero. Questo non vuol dire che mettersi in una situazione di discomfort per aiutare altre persone sia sbagliato, tutt'altro, è una cosa ammirevole, ma sarete voi a scegliere e non sarete "obbligati" ad aiutare sempre chiunque.

Questi sono alcuni dei fantastici vantaggi di cui godono le persone che hanno imparato, o stanno imparando, la comunicazione assertiva. Naturalmente non si tratta di un abilità che si apprende dal giorno alla notte, è necessario comprendere come funziona il comportamento delle persone ed applicare le tecniche comunicazione adatte. Non è semplice ma non è nemmeno impossibile, l'importante è fissare degli obbiettivi realistici. Credo che una per una persona abituata da vent'anni a mangiare nei fast-food iniziare a mangiare anche solo un piatto di insalata al giorno sia un obbiettivo più sano che cambiare completamente dieta da un giorno all'altro.

L'assertività è una dote che le persone di successo hanno, è quasi una prerogativa. Questo perché per quanto tu possa avere delle grandi capacità, devi essere in grado di relazionarti per poter guidare la tua vita. Ognuno di noi è il capitano della propria nave, ma non si può pensare di navigare in solitudine per tutta la vita, senza incontrare mai nessuno. Anche se scegliamo di non avere amici o relazioni sentimentali, e dubito che qualcuno possa voler scegliere una vita simile, andremo comunque ad interfacciarci con altre persone nel corso della nostra esistenza. Incontreremo persone in qualsiasi caso, che potranno essere ostacoli o amici. In entrambi i casi aver imparato una comunicazione assertiva ci viene di grande aiuto perché possiamo così affrontare le persone contrarie a noi, e familiarizzare con le persone affini a noi.

Quando parlo di persone di successo non mi riferisco allo stereotipo sociale dell'uomo o della donna d'affari che ha fatto una fortuna con la sua attività. Parlo di persone che nella propria vita sono state in grado di prendere il timone e navigare dove meglio credevano, anche se hanno sbagliato rotta molte volte. Un padre o una madre di famiglia con dei figli felici è una persona di successo, così come chi è riuscito a pubblicare il libro che ha voluto scrivere per tanto tempo, oppure chi finalmente ha trovato una persona con cui condividere la propria vita.

Spesso veniamo limitati dagli standard a noi propinati dalla società e questo può rovinare la nostra autostima, pensando che dobbiamo assolutamente ambire ad enormi successi, come la fama od il denaro. Ognuno di noi ha una strada unica e la nostra felicità non la decide nessuno se non noi stessi, quindi vediamo di imparare una comunicazione assertiva e capire come possiamo virare la rotta verso il nostro obbiettivo.

CAPITOLO 2

Passività, aggressività e assertività

Nel capitolo precedente abbiamo dato un occhiata ad ognuno di questi tre tipi di comunicazione, ovvero passivo, aggressivo ed assertivo. So che a questo punto potrò suonare come un disco che gira a vuoto, ma ci sono dei concetti da capire bene. Inoltre, molte credenze sono vissute dentro di voi per parecchi anni, forse una vita intera, e ci vuole impegno per poterle sostituire con credenze più realistiche.

Generalmente, coloro che fanno fatica ad affermare le proprie idee ed i propri desideri sono i passivi, in quanto hanno timore delle reazioni degli altri e spesso pensano di dover soddisfare i desideri altrui piuttosto che i propri.

Il comportamento passivo

Il comportamento passivo nasce da quello che è il naturale desiderio dell'essere umano di essere accettato. Sappiamo bene che cercare la costante approvazione delle persone intorno a noi non è una cosa salutare, ma è normale desiderare essere accettati almeno da alcuni individui, per non rimanere in solitudine.

Le persone passive portano con sé la credenza che esprimendo un pensiero diverso da quello di un'altra persona, o fanno qualcosa che non è nei desideri di questa persona, allora non verranno accettati da essa. Questa credenza porta i passivi, appunto, ad essere passivi, hanno paura di rimanere soli, e quindi preferiscono non esprimere opinioni, accettare quelle altrui e soddisfare i bisogni degli altri in modo da essere graditi.

Non si mettono sullo stesso piano delle altre persone, infatti credono che, sebbene le altre persone meritino rispetto, loro non ne meritano altrettanto, e devono sempre trattarsi con meno riguardo. Infatti credono che le proprie idee e desideri non valgano abbastanza per poter essere espresse, e rimangono nel cassetto per anni ed anni.

Dopo tutti questi anni è probabile che questa azione venga perlopiù compiuta a livello inconscio, ma è abbastanza perché siano le altre persone a fare scelte per te. Il mondo va sempre avanti, qualunque cosa succeda, e se tutti ci rifiutiamo di scegliere ci sarà sempre qualcuno a farlo per noi. Le persone passive tendono a pensare che questa loro passività sia perlomeno "sicura", perché non devono rischiare di esporsi alla possibilità di fare scelte sbagliate, ma invece si affidano a qualcun altro. Il problema di questo atteggiamento però è che non vi sentirete mai in controllo della vostra vita, eventualmente tirerete i conti e vi chiederete come mai la vostra vita non è quella che volete.

Spesso potrà capitare che le persone care notino questa condizione e preoccupandosi, prendano delle scelte al posto nostro. Per esempio potrebbero scegliere dove andrai ad abitare, sceglieranno per te un lavoro oppure addirittura che persone frequentare.

Quando ad una persona passiva viene posta una richiesta, è difficile che questa risponda di no. Infatti le persone passive, come abbiamo visto, desiderano sempre accontentare chiunque, anche se sono visibilmente troppo impegnate per farcela, e spesso e volentieri finiscono per fare troppe cose disordinatamente, oppure non le portano a termine.

Questo non vuol dire esattamente che le persone passive rispondono sempre "sì" giovialmente e cordialmente a chiunque con un sorriso. Infatti riconoscono di essere troppo impegnate per poter fare un favore a qualcuno, ma non riescono a dire un "No, mi dispiace" chiaro e conciso. Per spiegarmi meglio è il caso che io faccia un esempio:

Marco ha portato il lavoro a casa e sembra averne ancora per qualche ora, è parecchio in ritardo. Luca, il suo coinquilino, gli chiede se riuscirebbe a preparare la cena. Marco risponde: *"Sai, in realtà pensavo di ordinare una pizza visto che non ho molto tempo. Certo, se facessi un salto al volo al supermercato, potrei comprare qualcosa…"*.

Da questa risposta Luca ha capito che Marco ha tempo di andare al supermercato e poi cucinare. Marco non ha assolutamente il tempo per fare un salto al supermercato, ben cosciente del carico di lavoro che si trova sulle spalle, infatti non avrebbe mai pensato in cuor suo di uscire e fare la spesa. Tuttavia, quando si ritrova di fronte la richiesta di Luca, comincia immediatamente a cercare di accontentarlo perché vede la soddisfazione di Luca come se fosse più importante del proprio lavoro.

Marco avrebbe voluto terminare il suo lavoro per poi potersi finalmente rilassare sul divano, oppure farsi una doccia: eppure invece ha lavorato fino a tardi ed è riuscito a dormire poco. Se Marco avesse imparato la comunicazione assertiva, avrebbe potuto risolvere questa situazione semplicemente replicando: *"Mi spiace Luca, ho troppo lavoro stasera. Domani però posso cucinare qualcosa"*.

Cominciate a capire come essere delle persone assertive non è qualcosa di insito nel proprio carattere, è semplicemente un modo razionale di analizzare la propria situazione e valutare semplicemente se qualcosa è possibile oppure no, in questo caso. Marco avrebbe potuto rispondere in maniera coerente alle proprie responsabilità e desideri, ovvero terminare prima il lavoro e rilassarsi per un po' in seguito. Tutto questo senza rinunciare nell'essere una persona gentile, infatti si sarebbe potuto proporre di cucinare il giorno seguente.

Questo problema causa una perdita di controllo della propria vita. Le persone attorno a te inizieranno a prendere decisioni al posto tuo. In alcuni casi perché ti vogliono bene e hanno paura che tu prendi una cattiva rotta, ma in ogni caso soltanto tu puoi sapere quale è la tua felicità, motivo per cui il timone lo devi prendere te. In altri casi delle persone opportuniste potrebbero notare questa "falla" nel tuo atteggiamento e sfruttarla a proprio vantaggio, sapendo che hai grosse difficoltà a dire di no.

Non piace a nessuno essere la persona a cui tutti chiedono favori perché non rifiuta mai. Imparare a dire "no" è un ottimo modo per riacquisire controllo della propria vita e far capire alle persone intorno a te che, per quanto tu sia gentile, anche il tuo benessere, i tuoi desideri e le tue idee valgono quanto le loro. Più avanti nel libro affronteremo la tematica del "no".

Il comportamento aggressivo

Normalmente noi tendiamo ad associare un comportamento aggressivo con quelle persone che agiscono in maniera burbera, alzano la voce o comunque assumono un atteggiamento arrabbiato in generale. In realtà l'aggressività non si manifesta sempre in questa maniera, infatti spesso e volentieri le persone che adottato l'atteggiamento aggressivo sanno bene che non è socialmente accettabile comportarsi in tal modo, allora tendono ad assumere un atteggiamento aggressivo - passivo.

Noi per comodità le chiameremo in ogni caso persone aggressive, anche perché non tutte quante agiscono in maniera aggressiva – passiva. Questo tipo di aggressività per esempio può manifestarsi ignorando le persone, oppure interrompendole senza alcun riguardo mentre parlano, oppure ordinando agli altri ciò che devono fare anziché chiederlo. È facilmente intuibile che le persone soggette a questo atteggiamento aggressivo si sentiranno probabilmente offese, confuse e spesso anche arrabbiate. Potrebbero chiedersi come mai questa persona le abbia trattate in questo modo e, se hanno un comportamento tendenzialmente passivo, potrebbero chiedersi anche se per caso hanno sbagliato da qualche parte.

Quando la comunicazione viene caratterizzata dalla presenza di aggressività allora essa si "rompe", questo accade perché non è chiaro quale doveva essere il messaggio. Abbiamo visto come l'obbiettivo è trasmettere un messaggio, ed in questo caso le emozioni negative impediscono ai destinatari di "captare" il reale significato. Tutto ciò che in effetti viene percepito è rabbia e frustrazione, anziché capire quello che la persona aggressiva voleva realmente dire.

Un'altra caratteristica estremamente comune delle persone aggressive è la loro scarsa (se non completamente assente) capacità di lodare gli altri quando hanno fatto un buon lavoro. Molto difficilmente ti sentirai dire "grazie" da queste persone. I capi che hanno un atteggiamento aggressivo tendono a non lodare mai i loro bravi dipendenti, infatti quando essi svolgono il loro lavoro correttamente ed in tempo non c'è alcun premio. Quando però si presenta la più piccola problematica, ecco che la loro reazione è aggressiva e completamente esagerata.

Torniamo invece al comportamento passivo aggressivo che abbiamo visto in precedenza, anche questo genere di atteggiamento può creare molte problematiche nelle persone che ne sono vittime. In genere un comportamento aggressivo passivo non è altro che la mancanza di un azione quando dall'altra parte ci si aspetta un azione. Ad esempio presentarsi volutamente in ritardo ad un evento è un atteggiamento passivo aggressivo, così come lo può essere non svolgere alcuni compiti al lavoro per complicare le cose a qualche collega, oppure ancora dimenticare di proposito delle cose.

Un atteggiamento passivo aggressivo si manifesta specialmente nelle persone che fanno fatica ad esprimere le proprie emozioni. Quando una persona non riesce ad esprimere le proprie emozioni con le parole, allora si crea un attitudine negativa e passivo aggressiva. Ad esempio, se voi chiedete al vostro capo dei dettagli per poter svolgere un lavoro correttamente, e lui decide di non rispondervi, questo è un comportamento passivo aggressivo.

Questo atteggiamento è assolutamente non assertivo, infatti la comunicazione è completamente assente, voi non riuscirete a svolgere il vostro lavoro perché colui che deve dirigerlo non è in grado di comunicare correttamente. Anche il sarcasmo è una forma di atteggiamento passivo aggressivo, e può rendere la comunicazione poco chiara. Certe volte il sarcasmo è puro umorismo ed è divertente, ma quando si ripete in maniera continua allora diventa semplicemente un atteggiamento passivo aggressivo dal momento che causa ambiguità nella comunicazione.

Ci sono molte azioni di tipo passivo aggressivo, ma non pensate che siano meno gravi di un atteggiamento semplicemente aggressivo. Spesso e volentieri sono molto peggio dal momento che sono subdole e meno dimostrabili, e questo fa sentire le persone in trappola. Le persone passivo aggressive tenteranno di manipolarti, di portarti a fare cose che non vorresti fare, giocheranno a fare le vittime e mentiranno per ottenere quello che vogliono.

Perché non riesco ad essere assertivo?

Non è colpa tua se non sei assertivo, ognuno di noi viene plasmato dalla propria esperienza di vita, dagli eventi, anche traumatici, che ci segnano durante l'infanzia e l'adolescenza, da ciò che la nostra famiglia di insegna, i nostri valori e le credenze che abbiamo dentro di noi. Non possiamo controllare ciò che ci è accaduto e ci ha portato ad essere la persona che siamo oggi, ma è sotto il nostro controllo la persona che diventeremo e quindi possiamo cambiare.

La società ci influenza in diversi modi: spesso e volentieri ci viene detto di essere cortesi e non uscire dalle righe, mentre altre volte gli slogan ci propinano l'idea di rompere gli schemi e prendere ciò che vogliamo senza chiedere. Mentre il nostro conscio potrebbe non dare importanza a questi messaggi, il nostro subconscio viene costantemente bombardato ed ha il tempo di elaborarli. Le domande che rimangono al povero individuo sono le seguenti: *"Devo prendere ciò che voglio? Oppure dovrei dare più importanza agli altri?"*.

La confusione crea una moltitudine di dubbi nella mente delle persone che non sanno più come comportarsi, causando ansia ed insicurezza. Alcuni si rifugiano nella passività e quindi danno sempre e comunque più importanza alle altre persone, mentre altri invece si spingono dall'altra parte e decidono di scavalcare chiunque pur di avere ciò che vogliono. In entrambi i casi si stanno toccando gli estremi ed è quindi un atteggiamento negativo e non funzionale alla felicità della persona.

Se si chiede alle persone come mai non riescono ad asserire sé stessi le risposte sono le più svariate: *"Ho paura di mettermi al primo posto"*, *"Non vorrei ferire i sentimenti di qualcun altro"*, *"Temo che le persone poi si arrabbieranno con me"* oppure *"Ho paura di non essere accettato dagli altri per quello che penso, non vorrei rimanere solo/a"*.

Quando una persona non sa come comportarsi allora si trova in un limbo di incertezza. Di solito il desiderio è di affermare le proprie idee e farsi capire, dal momento che sin da piccoli ci viene ripetuto di dire sempre la propria opinione. Quest'idea però spaventa la persona, che teme di apparire troppo aggressiva nei confronti degli altri, teme che le persone siano ultra sensibili di fronte ad un individuo assertivo. Questo schema di pensiero porta dunque a rifugiarsi nella passività.

A molte persone capita di trovarsi in situazioni di disagio, in cui vorrebbero controbattere perché qualcuno sta dicendo qualcosa che le infastidisce o le disturba, ma decidono invece di essere passive perché hanno paura che non sia il momento di fare "scenate". Credono che in occasioni sociali si debba semplicemente lasciarsi andare e non sia giusto dire quello che si pensa. Altre persone invece hanno la credenza che esprimere le proprie emozioni sia un segno di debolezza e dunque sia meglio evitare di fare ciò. Preferiscono atteggiarsi come se nulla gli importasse e mostrano uno carattere duro ed intoccabile, come se manifestare il proprio stress fosse un tabù.

Come abbiamo visto in precedenza, non essere assertivi è una condizione che si crea per una serie di fattori unici per ognuno di noi che si verificano in particolar modo durante l'infanzia e l'adolescenza. Non è certo paragonabile ad una malattia, che si sviluppa dal giorno alla notte, infatti è un comportamento che tu hai *imparato* ad esibire. Ogni persona infatti può avere un atteggiamento passivo (o aggressivo) di differenti gradazioni, in base alla propria unica esperienza.

Per esempio, se da piccolo i tuoi genitori erano molto severi con te, ti trattavano con aggressività ed autorità, ti ordinavano le cose e non le chiedevano, allora molto probabilmente questo comportamento si rifletterà nella persona che tu diventi come adulto. La tua attitudine nel relazionarti con altre persone sarà appunto di importi su di esse, avere ciò che vuoi con l'aggressività e nascondere le tue emozioni dal momento che i tuoi genitori non ti permettevano di esprimerle con loro.

Al contrario, se i tuoi genitori ti approvavano solamente se soddisfacevi quelli che erano i loro desideri, allora continuerai ad accettare questo meccanismo come quello corretto. Nelle tue relazione tenderai a soddisfare i bisogni degli altri perché pensi che questo sia l'unico modo per essere accettato ed amato. Da questo fenomeno scaturisce la paura di venire rifiutati, vogliamo assicurarci dunque che tutte le persone che sono attorno a noi siano felici e non vogliamo sbagliare per paura che esse ci critichino e noi rimaniamo soli.

Dei genitori che danno approvazione al proprio figlio quando si comporta bene non sono di per sé una cattiva forma di educazione, infatti il problema si va a manifestare quando la non – approvazione viene usata come punizione. Si vanno a creare problemi anche quando il figlio/a ha un carattere timido, allora questo può tramutarsi in un atteggiamento fortemente passivo. Quando la personalità di una persona è molto sensibile, queste situazioni possono portare a bassi livelli di autostima.

Queste credenze negative su sé stessi vengono formate durante queste esperienze, ad esempio il bambino può arrivare a pensare *"Se non agirò correttamente, nessuno mi accetterà"*. Da qui deriva la mania di essere sempre perfetti.

Le credenze possono anche formarsi più tardi, durante una relazione tossica per esempio. Un partner aggressivo potrebbe instillare nella mente del passivo le credenze che i suoi desideri non sono così importanti, e che le proprie opinioni vanno tenute nascoste per essere accettati incondizionatamente.

Non sarà un compito semplice capire che cosa ci rende ansiosi o paurosi, infatti non sarà un cambiamento che accadrà istantaneamente. Tuttavia, se riusciamo a capire come nascono queste paure insite nella nostra mente, allora possiamo sicuramente essere più consapevoli del *perché* noi abbiamo certi comportamenti e *quali possono essere* comportamenti più sani ed assertivi da imparare.

CAPITOLO 3

Capire le proprie paure

So bene che molti di voi a questo punto saranno ansiosi di iniziare questo viaggio di auto miglioramento, magari non vedete l'ora di saltare all'approccio pratico della comunicazione assertiva e iniziare a vivere meglio. Sono felice di questo atteggiamento positivo che è assolutamente essenziale per poter cambiare sé stessi in meglio, tuttavia è necessario prima capire da dove nascono le nostre paure.

Queste ansie e paure sono delle sensazioni che emergono quando tentiamo di essere più assertivi. Sono quelle credenze che ci colpiscono anche se proviamo soltanto ad immaginare di essere assertivi in una determinata situazione, la nostra mente ci dice: *"Fermati, ti odieranno"* oppure *"Stai esagerando, meglio fare silenzio per non rischiare"*. Se impariamo a gestire queste ansie e paure possiamo allora intraprendere il percorso per l'assertività.

Sebbene vegano spesso confuse l'un l'altra, la paura e l'ansia non sono esattamente la stessa cosa, infatti la paura si riferisce ad un evento specifico, ad esempio potrei aver paura di venire licenziato perché ho commesso un errore, come potrei aver paura che il mio partner mi lasci perché abbiamo litigato il giorno prima.

L'ansia invece fa riferimento ad una situazione che ci spaventa in modo più generico, temiamo che le cose possano prendere una brutta piega e vorremmo avere tutto sotto controllo. Ad esempio potremmo sentirci in ansia prima di una presentazione di fronte a molte persone, perché ci troviamo in un contesto in cui non possiamo controllare ciò che accadrà: la nostra voce potrebbe scendere, potremmo dimenticare il copione, oppure qualcuno potrebbe pensare che siamo ridicoli.

Quindi l'ansia è correlata ad una sensazione di dubbio, incertezza, quando poi noi saliamo sul palcoscenico ed iniziamo a parlare, potremmo iniziare a preoccuparci di sembrare dei completi idioti: è proprio qui che la paura entra in gioco. Esistono delle strategie efficaci per poter gestire queste situazioni spiacevoli, non pensare che le persone molto assertive e sicure di sé non le vivano, sono esattamente come te! Semplicemente hanno delle credenze realistiche e positive e conoscono delle tecniche efficienti per poter gestire la propria ansia e paura. Adesso andremo a vedere proprio come possiamo gestire queste due emozioni al fine di imparare ad essere delle persone più assertive.

Paure

Sarebbe un errore pensare che tutti noi siamo spaventati dalle stesse paure, infatti ognuno di noi ha le proprie. Alcune persone saranno in grado di identificarsi in una o più delle paure che affronteremo di seguito, tuttavia è naturale che alcune paure possano essere legate ad esperienze strettamente personali e quindi non saranno coperte. È comunque normale che tu abbia delle paure relative all'essere assertivi, dal momento che hai avuto un atteggiamento non assertivo per molto tempo. Vediamo allora le paure più comuni legate all'assertività:

- Questa è la più diffusa, molte persone infatti temono che la persona con la quale comunichiamo in maniera assertiva si arrabbierà con noi. In certi casi potremmo anche avere paura che questa persona reagisca in maniera fisicamente violenta, e di solito questa paura nasce da due motivi: o tu sei stato/a vittima di violenze in passato, oppure questa persona è nota per aver avuto comportamenti violenti in precedenza.

- Un'altra paura è quella di deludere le persone. Nella maggior parte dei casi questa paura proviene dall'idea dei nostri genitori, che venivano delusi quando non rispettavamo la loro volontà e questo ci faceva stare male. Questo fenomeno si ripete nelle nostre relazioni ed abbiamo paura che se non diamo all'altra persona la risposta che lei vorrebbe allora la deluderemo ed avremo fatto qualcosa di male.

- Un'altra credenza negativa è che le proprie opinioni non abbiano la stessa importanza di quelle degli altri. Nei contesti sociali queste persone tendono a non dire quello che pensano per paura di essere umiliate oppure criticate, ed anche se esprimono la propria opinione lo fanno senza assertività e quindi non trasmettono correttamente il proprio messaggio. Capita anche che una persona si rifiuti di dire quello che pensa anche se è specializzata nell'argomento e la sua opinione sarebbe di grande rilevanza.

- Se sei un "accontentatore", allora anche l'idea di non soddisfare le esigenze delle persone ti impaurisce. Questo succede perché si pensa che dire "no" voglia dire ferire i sentimenti dell'altra persona, oppure che sia un atteggiamento da maleducati. La confusione guida queste persone dal momento che spesso capiscono come il loro modo di fare sta creando dei problemi a sé stesse, ma d'altronde pensano che questo sia il modo corretto di essere delle persone gentili. Inizialmente abbiamo parlato dell'equilibrio, ed è proprio ciò che manca qui: bisogna bilanciare il rispetto per gli altri e quello che si porta per sé stessi, dopodiché si potrà essere gentili in maniera sana.

- Spesso e volentieri le persone fanno fatica ad essere assertive perché si convincono che l'altra persona non sia disposta ad accettare un no come risposta. Questa convinzione spesso è motivata da ragioni irrazionali, assunzioni che noi facciamo senza reali basi logiche. Abbiamo quindi paura che il nostro "no" non verrà accettato e quindi dovremo tornare ad asserire noi stessi nuovamente. Ti stupiresti di quante volte le persone accetterebbero di buon grado un "no" da parte tua.

- La paura di non essere accettati è diffusissima e crea problemi a tutti quanti, specialmente durante l'adolescenza. Durante questo periodo di scoperte abbiamo un incessante bisogno di essere accettati dai nostri coetanei, e negli anni successivi sviluppiamo invece questa "armatura" nei confronti della non – accettazione. Coloro che hanno un comportamento passivo o comunque non assertivo spesso e volentieri si portano dietro questa paura di non essere accettati.

Tutte queste paure sono instillate nella tua mente da una serie di false credenze in primis, che ti spaventano in maniera esagerata e non necessaria, ed inoltre da una mancanza di "esperienza". Con mancanza di esperienza intendo dire che semplicemente non ti esponi abbastanza spesso a situazioni di questo tipo, perché tendi ad evitarle, e quindi pensi che siano molto peggio di quanto in realtà non lo siano.

Queste paure sono le più comuni quando una persona vuole provare ad essere più assertiva, ma è proprio la strada per l'assertività che ti aiuterà a sorpassare queste paure e diventare un comunicatore efficace.

Gestire le paure

Quando senti che la paura si sta impadronendo di te, allora ti consiglio di mantenere la calma e ricordare i seguenti concetti:

- Tutti noi abbiamo delle paure, il nostro corpo ha necessità di esse per poter sopravvivere. Se non ne avessimo, allora nessuno di noi esisterebbe oggi. Sono uno dei nostri istinti basici, motivo per cui dovremmo accettarle come parte di noi e, anziché mettere il focus nel sopraffarle, dovremmo anche pensare a non venire sopraffatti da esse.

- Prova fin da subito a metterti alla prova affrontando la tua paura di essere assertivo. Ad esempio, se hai paura di rispondere ad un messaggio del tuo capo, allora fai in modo che sia la prossima cosa che fai. Non procrastinare perché peggioreresti le cose, prima lo fai e meglio ti sentirai.

- Utilizza delle tecniche di visualizzazione. Che cosa sono? Si tratta semplicemente di visualizzare te stesso in una determinata situazione nella quale sei assertivo/a. In questo modo non starai facendo altro che allenare il tuo cervello con energia positiva. Immagina te stesso affrontare situazioni difficili con coraggio, e vedrai che ti troverai con uno stato mentale positivo. Le persone ansiose fanno l'opposto, si immaginano fallire e quindi il loro morale scende a terra.

- Prendi in considerazione lo scenario peggiore che ti si possa presentare. So che sembra una contraddizione rispetto all'ultimo punto: tuttavia se provi ad immaginare la cosa peggiore che potrebbe accadere, allora ciò potrebbe aiutarti a mettere le cose in prospettiva. Capirai che effettivamente non è la fine del mondo. Se ad esempio una persona reagisce con rabbia ad un tuo intervento, non è colpa tua, è quella persona che ha delle scarse doti comunicative. Nel caso invece che il tuo messaggio non passi chiaramente, allora vuole semplicemente dire che devi allenare la tua comunicazione assertiva.

- Non perdere la tua motivazione. Che cosa fai nel tuo tempo libero? Una volta che impari a dire "no", ad esempio al tuo capo che ti chiede sempre di fare degli straordinari, che cosa farai nel tempo libero? Iscriviti ad una palestra, inizia a fare yoga, frequenta luoghi sociali: tutti luoghi dove lasciar andare lo stress e praticare anche della comunicazione assertiva.

- Infine, affronta le tue paure. Fin troppe persone prendono le proprie paure come se fossero dei muri insormontabili. La scienza ha invece dimostrato come l'esposizione continua alla stessa paura ci rende più resilienti. Nel momento in cui affrontiamo una paura infatti la nostra attività neurale viene influenzata gradualmente. In un esperimento dei topi sono stati messi all'interno di una scatola, per poi venire sottoposti ad un piccolo shock elettrico. Quando vennero nuovamente messi all'interno della scatola, furono congelati dalla paura. Con il tempo però impararono a rilassarsi anche all'interno della scatola, fino ad arrivare al punto di essere completamente tranquilli.

Il mio miglior consiglio? Comincia. Parti piano se te la senti, affronta piccole paure di tutti i giorni e dimostra alla tua mente che ti stai facendo spaventare da paure illusorie o comunque molto più piccole di quanto sembrano.

Ansie

Si può dire che l'ansia sia il preludio della paura. L'ansia è uno stato continuo che ci assale quando temiamo che qualcosa di brutto possa accadere, e quanto ciò accade arriva la paura. Se noi ci troviamo al lavoro potremmo essere ansiosi perché il nostro capo sta chiamando in ufficio i dipendenti uno ad uno. Nel momento in cui noi veniamo chiamati ecco che viene la paura. Alcune persone vivono nell'ansia quasi costante perché temono quelle situazioni in cui avrebbero bisogno di essere assertivi. Ad esempio quando tocca spiegare come sta procedendo un progetto e devono dare quindi un opinione schietta sullo stato del lavoro, ma temono la reazione dei colleghi che ci stanno lavorando.

Gli psicologi dicono che l'ansia è una sensazione che si prova quando qualcosa di negativo può accadere. Il problema dell'ansia è che è veramente una condizione estenuante, ci consuma altissimi livelli di energia.

L'ansia non è qualcosa che dovremmo eliminare completamente, perché non è possibile, infatti anche le persone più assertive vivono uno stato d'ansia quando si trovano in situazioni di discomfort. La differenza è che quando ci si approccia all'ansia con un metodo, anziché lasciarsi prendere dal panico, si può effettivamente limitare l'effetto che essa ha su di noi. In questo modo possiamo vivere le situazioni di discomfort con più tranquillità e riuscire a mettere in atto una comunicazione assertiva.

Gestire l'ansia

Anche l'ansia è una condizione da gestire, dal momento che si presenta su base continuativa e quindi può avere un impatto molto forte sulla nostra motivazione. L'ansia è causata dalla paura che molteplici eventi negativi possano accadere, in questo momento o nel futuro. Le persone ansiose vivono dunque uno stato di costante agitazione perché vogliono avere il controllo degli eventi, pensano che se rimangono in ansia, se "stanno all'erta", potranno prepararsi meglio ad ogni eventualità.

L'ansia si può infatti manifestare anche quando ci troviamo in situazioni innocue, ad esempio nel comfort di casa nostra. La sera prima di un importante riunione potremmo sentirci in ansia perché abbiamo paura di non riuscire ad esporre il nostro progetto. Vogliamo evitare che il peggio accada e quindi iniziamo a preoccuparci e valutare ogni cosa che potrebbe andare storta.

Sebbene sia del tutto normale sentirsi agitati il giorno prima di un importante evento, ci sono dei metodi molto efficaci per poter limitare l'ansia, e vivere quindi in uno stato più tranquillo all'interno della quale sarà possibile pensare in maniera più positiva e mettere in pratica la comunicazione assertiva:

- Per prima cosa pratica la respirazione profonda. Questa è una tecnica estremamente efficace perché stimola l'attivazione del nervo vago, un importantissimo nervo cranico che ha molte funzioni, tra le quali l'abbassamento delle pressione del sangue, il rallentamento del battito cardiaco e della respirazione.

- Se si ha il tempo e lo spazio di eseguire questo esercizio correttamente allora è necessario mettersi seduti, anche a gambe incrociate, e con la schiena che non poggia da nessuna parte. Dopodiché bisogna chiudere gli occhi ed espirare tutta l'aria nei polmoni. Una volta fatto ciò, inspirate fino a riempire i polmoni per circa cinque secondi, per poi trattenere il fiato per tre secondi. Dopodiché vuotate i polmoni tramite un espirazione della durata di sette secondi circa.

- Questo processo va ripetuto per circa dieci o quindici minuti, ma potete farlo finché non ritenete di averne giovato. La parte migliore di questa pratica è che può essere praticata potenzialmente ovunque, l'importante è respirare profondamente.

- Sfida la tua ansia. Se essa nasce dalla credenza che la riunione di domani andrà storta, che molte cose terribili potrebbero accadere, pensa invece quante cose positive potrebbero accadere. Potresti riuscire ad esporre il tuo progetto senza difficoltà ed i tuoi colleghi potrebbero anche apprezzarlo, non possiamo certo escludere che questa non sia un eventualità, giusto? Prova a pensare, che vantaggio hai nel pensare in negativo? È vero che le cose negative potrebbero sempre accadere, ma questa è una variabile che non è sotto il nostro controllo. Tuttavia possiamo influenzare noi stessi in maniera positiva e quindi fare in modo che le cose possano andare in modo migliore. Visualizzarsi è un esempio che abbiamo visto in precedenza ed è estremamente efficace.

- Fare esercizio è un altro ottimo metodo per combattere l'ansia. Esercitarsi infatti incrementa i livelli di serotonina ed endorfina nel nostro organismo, e l'aumento della quantità di ossigeno presente nel corpo permetterà una maggiore concentrazione. Non c'è bisogno che tu attivi un abbonamento in una vera e propria palestra, sarà già benefico ad esempio fare esercizio fisico con il peso del proprio corpo a casa, oppure andare a correre. È possibile anche parcheggiare la propria automobile a dieci minuti di distanza da dove si lavora, in modo che, tra andata e ritorno, si potranno già fare venti minuti di camminata al giorno.

- Cerca di ridurre al minimo la quantità di caffeina che introduci nel tuo corpo, in quanto si tratta di una sostanza che aumenta considerevolmente la quantità di stress e rende più probabile l'insorgenza di attacchi d'ansia. Se sei un assiduo consumatore di caffeina, allora puoi iniziare con il diminuire il tuo consumo e poi scendere gradualmente. Valuta anche di bere altre bevande, come ad esempio il tè o la radice di valeriana.

- Cambia il tuo approccio all'ansia. Nel momento in cui ti rendi conto che l'ansia sta entrando in azione, non tentare di combatterla. È molto meglio gestire l'ansia appena arriva rispetto a quando ha già preso luogo. Ricorda la pratica della respirazione profonda, accetta i pensieri e le emozioni che provi e respira profondamente.

- Inoltre scegli delle attività che tengano la tua mente attiva. Prediligi le attività che richiedono un utilizzo della tua mente come ad esempio la lettura, i cruciverba oppure la meditazione. Guardare la televisione ad esempio è un attività poco stimolante e rende più probabile che la tua mente viaggi verso pensieri negativi.

Tieni a mente che anche una corretta alimentazione è in grado di stimolare il tuo cervello. Molte persone pensano che queste abitudini non ti aiutino nello sviluppare autostima: chiaramente ci vuole un metodo e della pratica, ma d'altronde non si può nemmeno pretendere di essere persone sicure ed assertive continuando a condurre una vita senza alcun rispetto per il proprio corpo, dico bene?

CAPITOLO 4

Cambiare se stessi

Abbiamo visto come le persone non assertive, specialmente quelle passive, pensino che le proprie idee, esigenze e desideri debbano sempre passare in secondo piano rispetto a quelle che degli altri. Ricorda però ciò che ho detto in precedenza: anche le persone aggressive hanno paura, infatti reagiscono con toni forti proprio perché hanno paura che le proprie opinioni non vengono considerate, non è altro che un modo differente di approcciarsi alla paura.

Conoscere i propri diritti

Capiamo quindi che è di fondamentale importanza accettare che noi abbiamo, così come chiunque altro, il pieno diritto di asserire i nostri bisogni, le nostre idee, le nostre emozioni eccetera con le altre persone.

Ma che cosa sono i diritti? Tutti noi conosciamo i nostri diritti legali, o almeno si spera, ma spesso le persone non assertive non hanno un idea chiara di quali siano i propri diritti per quanto riguarda le relazioni con altre persone ed i propri desideri.

I diritti sono tutte quelle cose che noi esseri umani, soltanto per la nostra esistenza, abbiamo il diritto di fare. È chiaro che ognuno di noi può avere dei valori diversi, ma i diritti che vedremo sono quelli che ognuno di noi dovrebbe avere per poter essere assertivo e rispettare sé stesso.

1. Il diritto di chiedere quando desideriamo qualcosa (aspettandoci anche un "no" come risposta

2. Il diritto di avere un opinione, delle emozioni e sentimenti e di poterli esprimere liberamente, nel rispetto delle altre persone

3. Il diritto di esprimere le proprie idee, anche se non hanno una base logica, senza doverci giustificare

4. Il diritto di prendere le nostre decisioni ed assumercene le responsabilità

5. Il diritto di non doverci far coinvolgere dai problemi degli altri se non vogliamo

6. Il diritto di non sapere qualcosa

7. Il diritto di essere persone di successo

8. Il diritto di sbagliare

9. Il diritto di cambiare idea

10. Il diritto di stare soli ed essere indipendenti

Sebbene possano sembrare scontati, non lo sono per tutti. Le persone non assertive non hanno grossi problemi nell'attribuire questi diritti alle altre persone, ma quando viene il momento di farlo con sé stessi, ecco che iniziano a sentirsi in colpa. Spesso e volentieri quando un'altra persona sbaglia giustificano l'errore con qualsiasi scusa: *"Capita a tutti..." "Non è stata colpa sua..." "Evidentemente aveva buone intenzioni"*, ma quando invece capita a loro di sbagliare, non c'è ragione che tenga, danno la colpa a sé stessi e si auto criticano fortemente.

Ad esempio potrebbero dire cose come: *"Sbaglio sempre", "è tutta colpa mia", "Non sono in grado di fare nulla"*. Questo modo di approcciarvi con voi stessi è assolutamente negativo e influisce in maniera distruttiva sulla vostra autostima. Direste mai queste cose ad un'altra persona, anche dopo aver fatto un grosso errore? Non credo. E allora perché dovreste trattare voi stessi in maniera diversa?

Hai mai provato a pensare che cosa potrebbe accadere se tu ti trattassi meglio? Se tu sbagliassi e anziché richiamare quei pensieri negativi accettassi il tuo errore e pensassi: *"Questa volta è andata male ma posso migliorare", "Capita a tutti questo errore, cercherò di starci attento la prossima volta", "Ho sbagliato, ma questo non vuol dire che io sono sbagliato"*.

Non ti sembrano dei pensieri più razionali, più veri? Prova soltanto ad applicare questa mentalità ogni qualvolta commetti un errore, e guarda quali sono i lati positivi. Capirai presto che anche tu hai i tuoi diritti e con questi pensieri sarai l'avvocato di te stesso. La tua autostima crescerà per il semplice fatto che avrai smesso di distruggerla. Sarai in grado di accettare te stesso così come sei ed inoltre godrai della positività necessaria per poter fare un passo indietro e risolvere l'errore che hai fatto, o fare in modo che non accada più.

Essere persone costruttive

Diventare delle persone assertive non vuol dire soltanto riuscire ad affrontare le situazioni più negative e problematiche, ma si tratta anche di fare dei passi in avanti verso la costruzione della vita che realmente vogliamo. Ti ricordo che una persona assertiva è un individuo che, sempre nel rispetto degli altri, prende ciò che vuole. Idea e modella la propria vita per come la desidera ed è in grado di impegnarsi per costruirla.

Non aspettarti che una persona assertiva si sieda e aspetti che arrivi la fortuna ad assisterla, un assertivo si alza e va a cercare esattamente ciò che vuole. Ad esempio, una persona assertiva cercherà un lavoro che la soddisfa se quello corrente non le piace, oppure avrà il coraggio di spiegare al proprio partner che ci sono delle questioni da risolvere nella relazione con fermezza e rispetto, potrà anche spiegare al proprio capo che il carico di lavoro è eccessivo. Prende una posizione e fa valere il proprio diritto di esistere, di avere un opinione (anche controversa), di essere diverso, di essere stufo di qualche cosa eccetera.

La sicurezza in sé che le persone assertive hanno (grazie alle loro abitudini mentali positive, ed il loro esporsi all'incertezza) gli permette di prendere dei rischi e commettere degli errori senza che ciò rovini la loro autostima. Ovviamente i rischi che ognuno prende sono legati a variabili strettamente personali e sta ad ognuno di noi decidere quando ne può valere la pena oppure no, ma il fulcro della questione è che una persona assertiva sa prendere una scelta ed andare avanti.

La maggior parte delle persone non assertive con tutta probabilità hanno per anni deciso di "puntare basso", in modo da "non sbagliare mai". Questa è una credenza comune ma completamente errata: pensate davvero che una persona che punta basso non sbaglia mai? Se non altro tiene basse le aspettative, questo vuol dire che non rimane delusa dei risultati a breve termine, ma a lungo termine non vedrà mai i propri desideri avverarsi perché non ha avuto il coraggio di prendere decisioni importanti.

Questo genere di persone potrebbero avere provato ogni tanto a frequentare dei corsi di assertività a causa della noia. Si annoiano del proprio lavoro che non le soddisfa, della propria casa che non gli piace, del partner della quale non sono più innamorati eccetera. Il loro atteggiamento lineare e privo di rischi rende le loro vite noiose e monotone, il che può portare a depressione. Potrebbe anche essere vero che le loro vite non sono particolarmente problematiche, ma allo stesso tempo mancano di imprevedibilità e divertimento.

Migliorare la propria autostima

Molte persone non trovano la motivazione per sviluppare una comunicazione assertiva proprio perché non hanno autostima, e di conseguenza non credono che valga la pena lavorare su se stessi. Purtroppo questo è un problema che affligge la maggior parte delle persone che vorrebbero essere più assertive: hanno la credenza di non essere persone di valore. È essenziale capire che questa credenza limitante è veramente una radice del problema, in quanto causa una mancanza di fiducia nei propri confronti.

Nella società odierna, tutti noi veniamo quotidianamente esposti a situazioni che sono in grado di danneggiare realmente la nostra autostima. Viviamo in una società dal carattere complesso ed estremamente competitivo, ed i mass media ci bombardano costantemente di immagini su come dovremmo apparire, come dovremmo comportarci ed addirittura come dovremmo sentirci! Anche soltanto provare un vestito nuovo sotto il paragone delle modelle dei cartelloni pubblicitari può essere un duro colpo per la propria autostima.

Alla maggior parte di noi dell'autostima in più non può che giovare, ed è specialmente importante sentirsi bene con se stessi prima di intraprendere degli esercizi di comunicazione assertiva. La maggior parte dei terapeuti si trova d'accordo sul dire che un basso livello di autostima è proprio la base per un gran numero di disturbi mentali. In poche parole, avere una pessima opinione di te stesso ti rende vulnerabile a qualsiasi tipo di stress e difficoltà; inoltre, la stima delle altre persone e l'amore di chi ti è vicino sembreranno non sfiorarti quando la tua autostima è scarsa.

L'immagine che abbiamo di noi stessi varia molto sulla base di come venivamo valutati quando eravamo bambini. Ad esempio i nostri successi dal punto di vista accademico potrebbero essere stati premiati di più rispetto ai nostri tentativi di succedere in altri ambiti, come ad esempio preparare un pasto oppure essere responsabili in altre aree della nostra vita. Quando diveniamo adulti dobbiamo imparare a giudicare noi stessi per i nostri personali standard, ed è questa l'unica opinione che deve avere importanza per noi.

Fare complimenti

Un modo molto semplice per iniziare a prendere dei piccoli rischi è fare complimenti. Ovviamente non si tratta di un grande rischio, ma lo è per la persona passiva che fino a questo momento si è sempre rifugiata dalla semplice eventualità che un complimento venisse rifiutato.

Se desideriamo realmente migliorare la nostra capacità di complimentare le altre persone, allora dobbiamo imparare a prendere i complimenti dalle altre persone in maniera calma ed assertiva. Se sei una persona con un atteggiamento passivo allora probabilmente sei abituato a rifiutare i complimenti, ma ciò che dobbiamo invece imparare a fare è accettarli e ringraziare. Se noi siamo in disaccordo con il complimento che riceviamo, possiamo ovviamente esprimere ciò che pensiamo, sempre ricordando che l'altra persona ha tutto il diritto di pensarla diversamente da noi.

Una volta che abbiamo imparato ad accettare i complimenti ed abbiamo capito quanto possono fare per noi, allora possiamo cominciare a complimentare gli altri. Il miglior modo di complimentare una persona è farlo utilizzando un tono di voce chiaro e diretto, magari guardando negli occhi l'altra persona. Può sembrare un azione banale ad alcuni, ma non c'è miglior modo per far crescere una relazione in maniera positiva. Non c'è alcun bisogno di aspettare che sopraggiunga un giorno dell'anno importante per poter complimentare i nostri amici o conoscenti, qualsiasi momento è adatto per farlo. Al contrario, spesso e volentieri più un complimento viene ricevuto in un occasione inaspettata e più viene apprezzato.

Prendersi cura di sé

Le persone assertive non sono soltanto sicure nel proprio comportamento, ma anche nel proprio aspetto. È bene iniziare ad essere meno coscienti del perché siamo vestiti in una certa maniera, o abbiamo una determinata capigliatura eccetera. Questo non vuol dire che bisogna essere delle persone attraenti, significa semplicemente essere liberi di vestirsi come realmente si preferisce e curare il proprio aspetto fisico. Accettarsi per come si è anche se ad alcune persone possiamo non piacere.

Capita molto spesso che le persone che riescono a diventare assertive cambiano anche il modo in cui appaiono, questo perché finalmente si vestono e si curano nella maniera che realmente preferiscono, senza sottostare al giudizio degli altri.

CAPITOLO 5

Diventare assertivi: la pratica

Comunicazione non verbale

La televisione comunica con noi essenzialmente in due modi: tramite i suoni e le immagini. Anche noi però comunichiamo in maniera simile con le altre persone. Infatti esprimiamo ciò che pensiamo in maniera verbale, quindi le parole che compongono il nostro messaggio, in modo da far capire a chi abbiamo di fronte a noi di che cosa stiamo parlando. Come tutti sappiamo, questo è il modo di comunicare più diffuso, e la comunicazione assertiva si concentra molto su un linguaggio verbale efficace al fine di trasmettere un messaggio con successo.

C'è però un secondo "canale" per la quale facciamo passare i nostri messaggi, ed è il canale non verbale. Questo modo di comunicare è composto dalla nostra postura, dai nostri movimenti e dal nostro tono di voce nel momento in cui trasmettiamo il messaggio verbale. Ovviamente questo canale non ricopre molta importanza mentre scriviamo, ma quando ci troviamo faccia a faccia con le persone, oppure al telefono, è essenziale saperlo gestire. È infatti vero l'impatto che creiamo dipende spesso da *come* diciamo qualcosa rispetto a che cosa diciamo.

Dunque qual è il canale più importante tra i due? In realtà, dipende dal tipo di informazione che vuoi trasmettere. Se per esempio vuoi trasmettere un messaggio puramente informativo, allora il canale verbale è sicuramente il migliore. Se qualcuno ti chiede *"Come posso cambiare canale su questa radio?"*, allora non c'è modo migliore di spiegarlo che con il canale verbale.

Alternativamente, se si vuole spiegare, o chiedere, qualcosa che sia più lontano dai fatti razionali e si vuole un parere soggettivo e che coinvolge anche la sfera emotiva, il linguaggio non verbale è essenziale. Se per esempio chiedi *"Secondo te hanno pensato male di me?"*, *"Ho fatto bene ad arrabbiarmi con lui?"*, allora in questo caso sarà più facile che tu presti maggiore attenzione al linguaggio non verbale della persona piuttosto che ciò che sta dicendo a voce. Ci sono dei casi in cui le informazioni che ricevi dal canale non verbale sono più precise di quelle che arrivano verbalmente.

Tramite il canale non verbale è possibile carpire molte informazioni riguardo ad una persona, ad esempio:

- Il suo stato emotivo
- Il modo in cui si sente nei confronti della persona con cui sta parlando
- Il modo in cui si sente nei confronti dell'argomento
- La sua sicurezza in ciò che sta dicendo
- Se quella persona si sente inferiore, uguale o superiore all'interlocutore
- L'importanza che dà alla discussione

E molti altri aspetti impliciti della persona. Ci sono delle volte in cui ciò che dici ed il tuo linguaggio non verbale comunicano la stessa cosa, mentre in altri casi i due canali potrebbero mandare dei messaggi incongruenti. Ad esempio, se qualcuno ci dicesse *"Ti amo"*, ma si tenesse distante da noi e con lo sguardo rivolto verso il basso, allora credo che difficilmente lo crederemmo, giusto? Lo stesso se qualcuno ci dice *"Non sono arrabbiata"*, ma al contempo il suo tono di voce è alto, digrigna i denti e si atteggia con nervosismo. Oppure se qualcuno ci ringrazia con un tono distratto e disinteressato. Questi sono tutti esempi in cui il messaggio verbale e non verbale non corrispondono e quindi l'altra persona capisce che c'è qualcosa di poco sincero in noi.

Infatti è provato che chi ti ascolta tende a credere al tuo atteggiamento non verbale quando i due canali non corrispondono. Questo succede perché il canale non verbale è molto più istintivo, mentre il nostro linguaggio verbale lo possiamo modificare a nostro piacimento. Prova a pensare a tutte quelle volte che devi parlare con un problema a qualcuno: sicuramente scegli le parole da usare per esprimerti nella maniera migliore. Magari addirittura ti prepari un discorso in modo da non sbagliare e spiegare tutto nella maniera più chiara e diretta possibile. Tuttavia, la maggior parte delle persone non presta altrettanta attenzione al proprio linguaggio non verbale; e questo potrebbe lasciar "sfuggire" più informazioni di quante intendi veramente dire.

Per esempio se ti rechi nell'ufficio del tuo capo per chiedere un aumento, facilmente il tuo linguaggio non verbale trasmetterà insicurezza perché non ti aspetti realmente di riceverlo. Lo stesso lo vediamo quando affrontiamo un argomento che ci mette in discomfort, potremmo infatti evitare di guardare in faccia il nostro interlocutore rivelando il nostro disagio in quel momento. Proprio per questi motivi è bene praticare la comunicazione non verbale, in modo da poter esprimere quello che realmente vuoi al cento per cento.

Comunicazione non verbale: la pratica

Uno stile di comunicazione assertiva non verbale dimostra al pubblico che hai rispetto per te stesso ed anche per loro. Fa capire a chi ascolta che stai dicendo quello che vuoi con la sicurezza che il tuo messaggio vale la pena di essere sentito. Uno stile comunicativo passivo è proprio l'opposto: trasmette insicurezza ed il pubblico percepisce che stai cercando approvazione, che il tuo messaggio è debole e non sei sicuro che meriti di essere sentito. Uno stile aggressivo invece trasmette una mancanza di rispetto nei confronti di chi ti ascolta e preclude la possibilità che il pubblico interagisca con te, non appari come una persona aperta. Uno stile passivo aggressivo invece ha un aspetto passivo, ma sotto nasconde un indole aggressiva e lascerà le persone confuse, mentre chi capirà il tuo atteggiamento non avrà fiducia in te.

Prima di andare all'esplorazione dei differenti stili comunicativi però, è necessario prendere in considerazione alcuni concetti che probabilmente dovete ancora conoscere:

- **Piano facciale**: è un piano immaginario che inizia dal mento e finisce sugli occhi. Lo possiamo immaginare come se fosse in equilibrio sopra al naso. Questo piano è in posizione verticale quando il tuo sguardo guarda di fronte a te, ed è in orizzontale quando guardi in terra.

- **Piano del corpo**: un piano immaginario che si estende dal fronte delle tue spalle sino ai tuoi fianchi. Similarmente al piano facciale, è in posizione verticale quando guardi dinanzi a te, e si piega diagonalmente quando ti chini verso terra oppure ti pieghi all'indietro.

- **Spazio personale**: in questo caso invece parliamo di una bolla di spazio immaginaria che ti circonda. I confini di questa bolla vengono definitivi dal livello di discomfort che senti quando una persona si avvicina a te. Questi spazi variano di cultura in cultura, ma in genere si attestano intorno al mezzo metro di fronte e circa la metà nel retro e sui lati. Quando qualcuno entra in questa zona, ciò potrebbe causare notevole disagio nell'individuo.

Nelle pagine che seguono vedremo una lista dei maggiori aspetti del linguaggio non verbale. Vedremo le descrizioni per quanto riguarda i tre principali stili comunicativi, ovvero assertivo, passivo ed aggressivo; come abbiamo visto in precedenza lo stile passivo aggressivo condivide il linguaggio non verbale dei passivi, motivo per cui non verrà coperto nello specifico.

Man mano che vediamo questi diversi aspetti degli stili comunicativi cerca di identificare quale usi tu nel momento in cui ti trovi in una situazione di disagio. Per esempio prova ad immaginare di dover dire "no" ad una richiesta di un collega, e immagina quale di questi comportamenti non verbali assumeresti in quella determinata situazione. Lascia un segno di spunta vicino ad ogni domanda e sappi infine che non c'è nulla di cui stupirsi se segnerai molti aspetti appartenenti allo stesso stile, in quanto le persone tendono ad utilizzarne uno solo.

Movimenti e gesti

- **Assertivo:** I movimenti sono in genere rilassati e trasmettono una sensazione di tranquillità. Il corpo non si dimostra in tensione ed i gesti sono naturali e fluidi. Anziché utilizzare le mani come anti-stress o chiuderle in un pugno, le lascia libere e riposate.
- **Passivo:** In questo caso il comportamento varia molto da persona a persona. Alcune persone gesticolano poco mentre sono passive, infatti assumono un aspetto perlopiù letargico, perché si fanno bloccare dall'ansia e diventano tesi. Altri invece hanno la reazione opposta, ovvero si atteggiano in maniera rapida e molto gesticolante, sembrando quasi fuori controllo. Queste persone assumono un comportamento che richiama visibilmente una situazione in cui si sentono inferiori e dalla quale preferirebbero scappare.

☐ **Aggressivo:** la persona aggressiva gesticola in maniera decisa e veloce. Un gesto tipico è puntare il dito verso qualcuno con fare accusatorio, oppure chiudere i pugni con forza. Questa persona tenderà ad avvicinarsi all'interlocutore perché vuole intimorirlo.

Postura

☐ **Assertivo**: Una postura eretta con le spalle tenute indietro. Il piano del corpo è in posizione verticale e di solito è rivolto direttamente verso l'interlocutore. Anche il piano facciale è eretto e guarda in faccia all'altra persona.

☐ **Passivo**: Il corpo ha una postura perlopiù ricurva, segno che il passivo vuole rendersi più piccolo di quanto non sia realmente. Il piano corporeo è solitamente girato leggermente di lato rispetto alla persona che si ha dinanzi. Il piano facciale non guarda in faccia l'altra persona ma tende a scappare con lo sguardo. Il collo sembra inoltre incassato tra le spalle ed in generale il corpo dà una sensazione di volersi nascondere.

☐ **Aggressivo**: La postura potrebbe essere allargata e minacciosa, oppure slanciata come se stessi per lanciarti verso l'altra persona. Il piano del corpo è rivolto verso l'altra persona ed il viso è puntato verso l'alto. Questo linguaggio non verbale è ostile e dimostra una propensione alla lotta.

Distanza fisica

- **Assertivo:** in questo caso la distanza dall'interlocutore (o il pubblico) varia in base al paese in cui ci si trova. Tendenzialmente le persone assertive mantengono una distanza non differente da quella tipica delle situazioni normali.

- **Passivo:** i passivi tendono ad allontanarsi dall'altra persona, quindi tengono una grande distanza e la loro inclinazione del corpo verso l'esterno suggerisce la voglia di fuggire dalla situazione.

- **Aggressivo:** come abbiamo visto preferiscono avvicinarsi alle persone ed invadere i loro spazi per mettere in atto la loro aggressività. I loro gesti rapidi e decisi potrebbero portarli ancora più vicini all'interlocutore.

Contatto visivo

- **Assertivo:** il contatto visivo è frequente, ma non costante. La persona assertiva non ha timore di guardare l'interlocutore negli occhi, ma non per questo motivo sente il bisogno di farlo continuamente. Si sente rilassato e quindi agisce come meglio crede.

- **Passivo:** la persona passiva tende ad evitare il più possibile il contatto visivo. Lo sguardo è infatti generalmente rivolto verso il basso, e nei rari momenti in cui stabilisce il contatto visivo, questo è molto rapido e viene fatto non alzando la testa ma soltanto gli occhi.

- **Aggressivo:** guarda il proprio interlocutore fisso negli occhi in maniera costante. Questa persona è molto tesa ed il suo sguardo porta con sé una sensazione di minaccia, infatti utilizza lo sguardo per intimorire l'altra persona.

Contatto fisico

☐ **Assertivo:** anche in questo caso la quantità di contatto fisico varia molto da cultura a cultura. In genere questa persona, durante una comunicazione assertiva, non toccherà una persona più di quanto si faccia in circostanze normali. Quando il contatto fisico accade, è di solito indirizzato a dimostrare empatia nell'interlocutore, infatti si tratta di gesti gentili e tranquilli. Nelle culture in cui invece ci si tocca di rado (o per nulla) allora al massimo potrebbero esserci degli sfioramenti dovuti al gesticolamento.

☐ **Passivo:** le persone passive in genere non toccano l'interlocutore proprio perché tendono a ritirarsi in se stessi. Nonostante ciò, a volte capita che sfiorino l'altra persona, ma lo fanno con l'intento di calmarla e cercare di dire *"Non mi fare nulla di male"*.

☐ **Aggressivo:** gli aggressivi prediligono una comunicazione molto ravvicinata, infatti usano gesti e movimenti rapidi e decisi per entrare nello spazio personale dell'altra persona. Vogliono far sentire l'interlocutore a disagio e quindi si avvicinano più del dovuto, facendo movimenti aggressivi come puntare il dito verso l'altro. Ovviamente, alcuni di loro diventano addirittura violenti.

Aspetto fisico

- **Assertivo:** le persone assertive si vestono in maniera adatta alla situazione, ma sempre mantenendo un tocco personale. Non hanno paura di quello che gli altri penseranno e né si vestono per intimidire gli altri. Queste persone sono coscienti dell'impatto che il loro modo di vestirsi ha sugli altri, ma scelgono di curarsi in base alle proprie preferenze.

- **Passivo:** questo genere di persone tendono a vestirsi come lo sono tutti gli altri. Vogliono mostrarsi il meno possibile e quindi si omologano al resto per potersi confondere. Odiano stare al centro dell'attenzione, motivo per cui hanno meno paura se sono vestite come chiunque altro.

- **Aggressivo:** queste persone vogliono utilizzare il proprio modo di vestire per poter intimidire gli altri. Utilizzano accessori ed indossano vestiti appariscenti per potersi far vedere da tutti. Alcuni amano andare contro l'etichetta e le aspettative delle persone, infatti vogliono deliberatamente infastidire le persone con il loro look.

Fluidità di linguaggio

- **Assertivo:** la fluidità della sua parlata è scorrevole e senza troppe interruzioni o esitazioni. È chiaro che ognuno può essere assertivo con la propria particolare parlata, ma il fatto è che durante una conversazione assertiva, la propria fluidità dovrebbe restare normale.

- **Passivo:** qui l'individuo potrebbe presentare una notevole esitazione per due motivi: in primo luogo perché il passivo si trova facilmente in uno stato d'ansia, e quindi fatica a parlare e ricomporre i pensieri; in secondo luogo perché impiegherà del tempo a cercare parole che soddisfino l'altra persona. Tenderà infatti a spiegarsi in maniera districata per non arrivare al punto che non vorrebbe dover dire, ad esempio *"Ecco, vedi... sai com'è... mi hanno chiesto degli straordinari... io vorrei accompagnarti, però..."*.

- **Aggressivo:** come è stato visto prima, dipende dalla persona. Nel caso del tono freddo e della parlata lenta e decisa (come *"Voglio. Quel. Progetto. Ora."*) allora la fluidità sarà molto lenta. Nei casi in cui la persona esprime tutta la propria rabbia la parlata allora sarà particolarmente rapida. A volte così rapida che ci saranno delle esitazioni dovute alla confusione mentale della persona arrabbiata, ma non più di tanto in quanto essa non si cura di non offendere l'altro.

Tono di voce

- **Assertivo:** la voce è naturale ma soprattutto ben modulata sulla base delle circostanze. Se la situazione richiede un parere deciso, allora lo sarà anche il tono di voce. Di solito non urla.
- **Passivo:** il tono di voce qui invece tende ad essere molto tranquillo, al punto che certe volte il pubblico fa fatica a sentire quello che dice. Spesso e volentieri ha un tono molto giustificatorio e poco deciso. Capita anche che queste persone parlino utilizzando domande, ad esempio: *"Per cui, vorrei un giorno di ferie...?"*, il tono si alza verso la fine perché spesso usano domande. Questo modo di comunicare trasmette insicurezza.

- **Aggressivo:** dipende dalla persona, alcune assumono un tono di voce freddo e deciso, digrignano i denti mentre dicono frasi con rabbia ma in maniera monotona. Altri invece lasciano percepire tutta la loro rabbia e tendono ad urlare con forza, in modo da intimidire il proprio interlocutore.

Espressione facciale

- **Assertivo:** in genere l'espressione facciale è consona alla situazione, non è certo possibile trovarne una che sia adatta ad ogni eventualità. Questa persona sarà in grado di avere uno sguardo attento se la conversazione è seria, ma per il resto la persona tenderà ad assumere un espressione naturale e rilassata.

- **Passivo:** l'espressione è il più delle volte quella di una persona che vuole chiedere scusa. La persona è ansiosa e si può notare una considerevole tensione nei suoi muscoli facciali. Alcune persone passive potrebbero anche ridere istericamente o sorridere in maniera nervosa.

- **Aggressivo:** in queste persone i muscoli facciali sono generalmente sotto grande tensione, specialmente le mandibole sono chiuse con forza, ad esprimere la loro rabbia. L'espressione di solito è costante e nervosa, visibilmente arrabbiata e tende ad arrossire su alcune persone.

Eccoci qui, adesso non resta che ritornare su ogni categoria di comportamento e contare, per ogni stile di comunicazione, la quantità di caselle che hai segnato, per poi inserirle qui:

Assertivo: ____

Passivo: ____

Aggressivo: ____

Lo scopo di questo test è capire quale stile di comunicazione utilizzi di più in modo da poter essere più coscienti rispetto al proprio linguaggio e quindi fare un cambiamento più mirato. Se tendi per esempio a puntare il dito verso le altre persone ed avvicinarti ad esse mentre discuti, allora con tutta probabilità hai uno stile comunicativo dettato dall'aggressività e puoi correggere questo comportamento quando discuti.

Inizia dunque a rivedere le tue risposte al questionario e chiediti quali sono i comportamenti che fai più spesso? Alcuni forse ti recano anche fastidio dopo che li hai portati a termine? Qualcuno ti ha già fatto notare alcuni di essi? Nelle pagine che seguono, vedrai degli esercizi che ti potranno aiutare nell'assumere una comunicazione non verbale più assertiva.

Una settimana di esercizi

Non ti preoccupare, il compito di questi esercizi non è quello di farti diventare un comunicatore assertivo tutto in una volta sola. Ciò che dovrai fare infatti è molto più semplice, scegli un'area soltanto del tuo linguaggio non verbale; la scelta è tua, puoi migliorare quella che ti infastidisce di più, oppure quella che credi di fare più spesso, o ancora quella che ti hanno detto essere molto antipatica. Insomma, scegli la parte in cui *vuoi* migliorare di più. Una volta che l'hai scelta, allora dovrai lavorare su quell'area, mentre il resto del tuo comportamento non verbale, per ora, resterà grosso modo così come è.

Ora non ti resta che decidere quando cominciare. Inutile dire che il momento migliore è proprio ora. So che potresti essere tentato di iniziare la prossima settimana, o addirittura più tardi; ovviamente la scelta è tua, ma fermati e valuta sinceramente se non è il caso di iniziare subito a cambiare per il meglio. Anche se stai passando un periodo stressante, considera che potrebbe essere un occasione per mettersi alla propria più duramente ed effettuare quindi un cambiamento ancor più radicale nel proprio comportamento.

Ogni qual volta che ti ritrovi ad agire in maniera passiva o aggressiva, allora tenta di adottare uno stile di comunicazione più assertivo. Ad esempio, se sei abituato a vestirti in maniera passiva, ovvero omologarsi allo stile delle altre persone e passare inosservato, allora prova ad indossare degli abiti che veramente ti piacciono. Non ti sto dicendo che devi essere per forza appariscente (se vuoi, va benissimo!), ma che devi provare ad indossare quegli abiti che fino ad ora avresti voluto indossare ma la paura dell'opinione negativa degli altri ti ha impedito di fare.

Se invece stai parlando con un'altra persona, e ti rendi conto che ti stai "rintanando" all'interno delle tue spalle, allora spostale indietro volontariamente e tieni la testa più in alto. Se tendi a tenere lo sguardo lontano dall'interlocutore, allora prova a guardarlo e mantenere il contatto visivo per un po'.

È normale che queste abitudini richiedano del tempo per poter diventare, appunto, abitudini. Il tuo vecchio stile comunicativo è talmente infondato nella tua mente che ormai il corpo lo utilizza in automatico. Non preoccuparti se, nonostante l'impegno, ti ritroverai ad utilizzare ancora lo stesso linguaggio non verbale senza accorgertene, non è colpa tua. L'importante è che te ne rendi conto in modo da poter revertire il linguaggio non verbale e farlo divenire un abitudine.

Sarà necessaria una settimana di esercizio per ogni atteggiamento non verbale, in modo da poter dare tempo al tuo corpo di assorbire questi comportamenti. Una volta che vedrai gli effetti di un linguaggio non verbale, ovvero una comunicazione più facile ed efficace, allora sarà facile prendere questi comportamenti come quelli "predefiniti". Anche dopo aver imparato un comportamento efficace, sarà possibile che automaticamente ne utilizzerai uno vecchio: sono piccoli "errori" del nostro cervello, non ti preoccupare e correggi questi sbagli sul momento.

CAPITOLO 6

Dire la propria opinione

Essere assertivi non vuol dire altro che essere degli individui che partecipano realmente alla propria vita e quella degli altri, capire che tutto ciò che voi pensate e desiderate conta e vale la pena che abbia un influenza nelle situazioni in cui vi trovate. Significa proprio "esserci", essere presenti completamente in un momento, con le proprie attitudini, idee, opinioni, obbiettivi ed opinioni, per quanto possano essere controverse, o anche sbagliate. D'altronde, bisogna rischiare di sbagliare per poter essere corretti, giusto?

Certo, potresti scegliere di non dire nulla, evitare di esprimere le tue emozioni e rinchiudere le tue opinioni in una cassetta per poi metterla in soffitta, in questo modo non sbaglieresti mai, dico bene? Eppure stai commettendo il più grosso errore della tua intera vita, ovvero quello di non vivere, dal momento che esisti, certo, ma non stai dando significato alla tua esistenza. Le persone sanno che ci sei, ma non sanno chi sei, cosa vuoi fare, cosa pensi, e che cos'è che caratterizza la nostra presenza se non queste ultime cose? Potremmo essere paragonabili ad una statua, altrimenti.

Parlando quindi di opinioni, capiamo che è possibile dare la propria in un gran numero di situazioni. Non è sempre questione di conoscere l'argomento: una persona assertiva può riconoscere di essere ignorante in materia, ma riuscire ad introdurre la propria idea nell'argomento e farla prendere in considerazione. Non si sentirà inferiore se l'opinione non verrà accettata, perché sa che sbagliare è umano ed un errore non definisce una persona. Nel tuo caso potrebbe anche essere vero che ti viene chiesta raramente un opinione su qualcosa; d'altronde, se per così tanto tempo hai evitato completamente di esprimerti, allora è normale che le persone siano meno propense al chiederti un parere. Oppure, se sei un aggressivo, sei solito utilizzare un tono di voce così burbero che le persone sono spaventate da una tua possibile reazione.

Tuttavia, ti capiterà certo che ti vengano poste delle domande nella vita di tutti i giorni, ad esempio:

- *Cosa ne pensi di cambiare appartamento?*
- *Ci sarai alla cena di lavoro?*
- *Cosa ne pensi delle elezioni?*
- *Riesci a prestarmelo per qualche giorno?*
- *Ho bisogno di questo lavoro per lunedì.*
- *Non penso che tu sia adatto per questo compito.*

Sicuramente ti saranno capitate domande di questo tipo, o simili, nell'ultimo periodo. Prova a pensare alle domande che ti sono state poste negli ultimi giorni, e valuta il modo in cui hai risposto. Potrebbe essere che hai evitato di rispondere per paura della loro reazione, o per indecisione, oppure che tu abbia risposto in maniera talmente aggressiva ed autoritaria che le altre persone si sono viste troppo intimidite per poter rispondere. In ogni caso, potresti aver risposto in un modo non assertivo e che vorresti cambiare.

In questo esercizio, prova a pensare a tre domande che ti sono state poste ultimamente a cui non hai risposto in modo assertivo. Prova a scrivere qui sotto quale potrebbe essere un modo più assertivo di rispondere a queste domande. Ricorda: non dev'essere una risposta che ti dia per forza ragione, o che non ferisca l'altra persona, dev'essere anzitutto veritiera, e detta in modo rispettoso ma col giusto peso per la situazione.

1.

_____

_____

_____

_____

2.

_____

_____

_____

_____

3.

_____

_____

_____

_____

Questo esercizio è estremamente utile perché è quello che dovrai fare nel momento in cui dovrai esprimere una tua opinione. Questo processo mentale che riguarda il trovare una risposta assertiva deve essere allenato in modo che poi verrà naturale essere delle persone assertive. Se sei come la maggior parte delle persone, eviti di esprimere le tue opinione o lo fai in maniera sbagliata, o meglio, poco assertiva. Vediamo i diversi stili comunicativi quando si tratta di esprimere opinioni:

- **Passivo**: in genere i passivi evitano completamente di dire la propria opinione quando è possibile, anche quando si tratta di pareri su questioni di poco conto. Solitamente aspettano che sia prima l'interlocutore a dare la propria opinione per primo, in modo che possono confermarla se la pensano come lui, e se non è il caso tendono a cambiare la propria prospettiva per essere d'accordo con l'altra persona.

- **Aggressivo**: non ha alcun problema nell'esprimere la propria opinione, ma vuole dirla in modo da lasciar intendere che ogni altra opinione è sciocca o insensata. Tendono a criticare le altre persone che la pensano diversamente ed usano l'intimidazione per assicurarsi che la proprio opinione sia l'unica accettata.

- **Passivo – Aggressivo:** è un mix dei due precedenti stili comunicativi. Evitano di essere apertamente in disaccordo con le altre persone, ma comunque fanno intendere in maniera implicita che le loro opinioni non valgono nulla. Sanno bene che i presenti potrebbero essere offesi dal loro comportamento ma si nascondono dietro al fatto che non hanno espresso un chiaro ed esplicito dissenso. Spesso e volentieri lanciano "frecciatine" utilizzando il sarcasmo e qualora gli venisse chiesto se stessero cercando di dire qualcosa, rispondono in maniera del tutto innocente: *"No, era solo una battuta. Che intendi?"*.

- **Assertivo:** l'assertivo conosce il valore delle proprie opinioni, motivo per cui le esprime senza valutare se gli altri lo fanno oppure no. Tuttavia, conosce anche il valore dell'opinione degli altri, e le rispetta. In genere, anziché presentare la propria opinione come se fosse l'unica sensata, la presenta come un punto di vista personale (*"Io penso che sia il caso di…"*). Queste persone hanno un atteggiamento tranquillo e sono spesso disposte a mettere in discussione il proprio punto di vista, perché sanno che la loro opinione non è definitiva e potrebbero avere una visione più sana confrontandosi. Questo non vuol dire che cambino idea soltanto perché gli altri la pensano diversamente.

Probabilmente utilizzi per la maggior parte del tempo uno di questi stili, ma potresti anche utilizzarne di diversi in base al contesto, alle persone presenti ed il tuo rapporto nei loro confronti. Ci sono per esempio persone che sono aggressive nei confronti dei propri famigliari, e passive quando devono relazionarsi con i colleghi. Vediamo alcuni consigli che è possibile mettere in pratica per poter esprimere la propria opinione in maniera più aperta e sana.

- **Rilassati prima di cominciare:** se ti trovi in una condizione di calma mentale e fisica, allora riuscirai ad esprimere la tua opinione con più tranquillità e chiarezza. Ricorda che l'esercizio della respirazione profonda è estremamente efficace e soprattutto può essere praticato ovunque, quindi inspira ed espira profondamente. Nel frattempo, pensa a ciò che vuoi dire.

- **Formula ciò che vuoi dire:** ricapitola ciò che vuoi dire prima di iniziare, in modo da esprimere il tuo messaggio senza saltare dei punti e dirlo in maniera chiara. Può sembrare poco spontaneo ma è utile per non farsi prendere dall'ansia ed esporre in maniera più fluida e con meno tracce di indecisione.

- **Sentiti libero di essere indeciso:** non è assolutamente necessario avere sempre un idea chiara di quello che si vuole. Ricorda che essere assertivo non vuol dire essere perfetti, tutt'altro, significa accettare le proprie imperfezioni e con esse anche le indecisioni. Se non sei sicuro di dove fare pranzo, puoi anche dire *"Decidete voi, oggi mangerei di tutto"*.

- **Valuta l'opinione degli altri:** prima di lanciarti alla difesa della tua opinione (o del tuo ego) considera se l'opinione che ti è stata proposta potrebbe essere vera. Spesso ci innervosiamo quando qualcuno insiste con l'argomentare a nostro sfavore, e vogliamo difenderci ciecamente senza realmente considerare il parere dell'altra persona. Non è necessario arrivare ad una conclusione precisa, potresti anche accettare che sia la tua che la sua opinione hanno dei punti veritieri ed al momento sei indeciso su quale delle due è corretta (potrebbe anche non esserlo nessuna delle due).

Le persone si innervosiscono così tanto perché hanno paura di cambiare opinione: infatti credono che se l'altra persona non accetta la nostra opinione, allora noi dovremo cambiare, per questo motivo vogliamo che lei la accetti a tutti i costi.

In altri casi potremmo credere che il nostro valore come persona dipenda dalla nostra capacità di difendere la nostra posizione. Pensiamo che ci sia in gioco il nostro ego e quindi lo difendiamo a spada tratta. Il punto è che le nostre opinioni non devono avere nulla a che fare con il nostro ego ma piuttosto con la nostra razionalità, e devono essere cambiate se pensiamo che siano sbagliate. Quindi, se qualcuno mette in discussione quello che tu pensi, puoi scegliere se difendere la tua opinione oppure no, non sei costretto a convincerli che tu hai ragione. *"Sembra proprio che abbiamo delle idee diverse, ma non sono in vena di discuterne ora".* Allo stesso modo, se trovi che la loro opinione sia corretta, allora puoi semplicemente accettarla e cambiare. *"Vedi, in effetti hai ragione, non avevo mai valutato questo punto di vista".*

- **Sii sicuro della tua opinione:** con questo non voglio assolutamente dire che devi esporre la tua opinione come se fosse una verità imprescindibile, ma semplicemente che, giusta o sbagliata che sia, è il frutto dei tuoi ragionamenti e come tale merita di essere detto con sicurezza. Spesso le persone passive commettono l'errore di esprimere il proprio parere in modo insicuro: *"Non vorrei andare* *contro di voi, e ditemi se sbaglio, però stavo pensando che forse potrebbe essere...".*

Una persona assertiva non usa questo approccio: se è indeciso su qualcosa, lo dice. Se invece ne è sicuro, lo dimostra con il suo comportamento. Se dai così poca importanza alla tua opinione, allora è probabile che anche gli altri ti seguiranno.

- **Prendi il controllo di ciò che dici:** ogni qualvolta esprimi una tua opinione, fai in modo che sia tua utilizzando la parola "Io". Ad esempio, anziché dire *"Caio dovrebbe essere amministratore delegato",* puoi dire *"Io penso che Caio dovrebbe essere amministratore delegato":* ha già tutto un altro suono, giusto? Anzitutto non hai il tono di chi vuole dire la verità assoluta (nessuno può farlo), ed in secondo luogo ti prendi la responsabilità della tua opinione.

Le persone passive tendono invece a scappare dalla propria responsabilità dicendo che *"Sul giornale hanno scritto che Caio sarebbe stato un ottimo presidente...",* in quanto pensano che le persone con cui stanno parlando siano più propense ad essere d'accordo con l'autorità, rispetto che con loro stesse. In ogni caso tu non hai preso una posizione ma stai solamente riferendo i fatti, motivo per cui non sei tu la persona con cui devono controbattere casomai si trovassero in disaccordo. Una persona assertiva non lo farebbe mai, potrebbe dire *"Ho letto sul giornale questa opinione, e devo dire che la penso così anche io".* Puoi dire a scopo informativo che la tua opinione è largamente condivisa, ma resta comunque la tua opinione personale e se non la possiedi con le tue responsabilità non avrai il rispetto delle persone.

- **Non essere autoritario:** va benissimo che ci siano delle persone che non sono d'accordo con la tua opinione, per quanto tu possa essere convinto che sia la verità. Non esprimere il tuo parere con un tono che lascia intendere una verità assoluta, ad esempio *"Quella legge dovrebbe essere abrogata."* o *"Chiunque abbia un quoziente intellettivo sopra la media capirebbe che…"*. Esprimersi come se non ci fosse altro modo di vedere la cosa è poco piacevole per chi ti ascolta ed è negativo anche per te, dal momento che rifiuti ogni altro punto di vista.

- **Non scusarti nel dire la tua opinione:** non c'è alcun motivo di scusarti nel momento di dover esprimere la tua opinione. Ognuno di noi ha il pieno diritto di dirla, e così anche tu. Evita di iniziare dicendo cose del tipo *"Scusami, ma io penso che…"* o *"Mi dispiace davvero, però secondo me…"*.

- **Cogli l'attimo:** è vero che non dobbiamo necessariamente dire sempre la nostra opinione, tuttavia, certe volte potrebbero non chiederci un parere, ma è il caso di dirlo ugualmente se te la senti. Se per esempio qualcuno dice una frase razzista, o sessista o comunque che va contro i tuoi principi o le tue opinioni, allora cogli l'attimo e dì ciò che pensi. *"Non penso che sia divertente"*, *"So che non hai chiesto la mia opinione, ma secondo me quella che hai fatto non è una scelta sana"*.

- **Non intimidire gli altri:** non tentare di intimorire gli altri al fine di fargli cambiare idea, se fanno ciò dovrebbe essere perché hanno volontariamente cambiato il proprio punto di vista. Se anche tu riuscissi ad intimidirli, comunque potrebbero cambiare idea soltanto superficialmente, non sarebbero realmente convinti da te. Spesso si alza la voce o si utilizzano termini intimidatori, ad esempio *"Sei veramente così cieco da pensarla così?" "Chissà che cosa ti farebbe, se sapesse quel che pensi…".*

Prendi in considerazione ognuno di questi suggerimenti e valuta se si applica realmente alla tua situazione. Prendilo come un esercizio, prova ad esercitarti per una settimana e fai caso quando eviti di dire la tua opinione, potrebbe essere difficile accorgersene inizialmente, dal momento che sei probabilmente abituato a non dirla. Prova a mettere in pratica il modo assertivo di esprimere la tua opinione e incomincia questo graduale ma positivo cambiamento. Se una persona, o un ambiente, ti rende nervoso e aggressivo oppure passivo, allora sforzati ancora di più di essere assertivo in quelle situazioni. Non ti preoccupare se certe volte sarai troppo nervoso, o fallirai nel tentativo di essere assertivo, il cambiamento non viene dal giorno alla notte.

CAPITOLO 7

Imparare a dire No

Non essere in grado di rispondere negativamente, rifiutare un favore, declinare un invito, sono tutti tratti caratteristici dello stile di comunicazione passivo. È proprio ciò che rende ai passivi la vita difficile, non riescono a dire "no" alle altre persone e questo causa notevole disagio in loro. Il problema è che sono convinti che rispondendo negativamente faranno stare male l'altra persona, oppure essa si arrabbierà con loro. C'è un problema sostanziale però nel non essere in grado di dire "no" quando è necessario, ovvero che non sarete voi in controllo della vostra vita.

È proprio così, dal momento che se qualcuno vi chiederà di fare qualcosa, allora quella cosa andrà fatta obbligatoriamente. Non avete alcun controllo sugli eventi perché rimanete schiavi dei desideri delle altre persone, non rimane nemmeno un po' di spazio per i vostri voleri, le vostre idee ed opinioni. L'unica cosa che puoi sperare in questa situazione è che nessuno ti chieda nulla, in modo da stare tranquillo. Ma la realtà è che probabilmente se hai questo atteggiamento passivo, farai fatica anche a prendere decisioni quando non ci sono altre persone di mezzo.

Il problema è che le nostre vite sono piene di persone, che siano amici, familiari, colleghi o capi, è normale che ci vengano chieste delle cose su una base quotidiana. Ti rendi conto di quanto è assurdo rispondere "sì" a qualsiasi richiesta ti venga fatta? Sarebbe più o meno come essere un genio della lampada: ogni cosa che ti viene chiesta può essere esaudita:

- *"Mi accompagni alla fermata?"*
- *"Esci tu a fare la spesa?"*
- *"Riesci a completare questo lavoro per me?"*
- *"Cucini tu stasera?"*
- *"Riesci ad occuparti del mio cane?"*
- *"Puoi fare anche i miei compiti?"*

In tutte queste situazioni il passivo tenderà a dire "sì", ed anche quando riuscirà a dire "no" avrà fatto sforzi immani e si sentirà in colpa, probabilmente convinto che l'altra persona ora lo odi. Non c'è spazio per le proprie soddisfazioni e quindi deve soddisfare l'interlocutore. Ma perché accade ciò? Perché i passivi non riescono a dire No? Anche quando vuol dire arrivare tardi al lavoro, dormire troppo poco, fare cose che non vorrebbero fare, e quando dovrebbero godersi il proprio giorno libero? Anche le persone aggressive e passivo aggressive hanno dei problemi nel dire No. Infatti queste persone credono che l'unico modo per rifiutare qualche cosa sia usare la propria aggressività. Dire di No significa prendersi la responsabilità di aver rifiutato un incarico, ed il passivo aggressivo tende ad evitare una presa di posizione simile, queste persone di solito dicono di Sì, per poi inventare qualche scusa per la quale non sono riusciti a farlo.

Il motivo per cui viene così difficile dire No è che non *credi* di poterlo fare, credi che tu debba soddisfare gli altri e non offenderli con un No. Andiamo a vedere queste credenze infondate.

Credenze che ti bloccano nel dire No

Abbiamo visto che dire No è molto importante se si vuole realmente detenere il controllo della propria vita. Non è che dobbiamo essere cattivi nei confronti delle altre persone ed imparare ad essere egoisti, infatti dire No non vuol dire assolutamente questo. Dobbiamo soltanto scoprire e rimuovere le credenze che ti spingono a pensare che dire No non sia un tuo diritto. Oppure che non sia giusto moralmente, o che potresti ferire l'altra persona. Andiamo a vederle una ad una e valuta quali si applicano al tuo caso.

- **Non vorresti che chiedessero:** questo deriva dal fatto che molte persone, per la maggior parte gli aggressivi ed i passivo aggressivi, vengono infastiditi dalle richieste perché vorrebbero non dover dire no. *"Se le altre persone fossero più intelligenti non mi chiederebbero così tante cose!"*. Questo rende il soggetto molto arrabbiato e nervoso, mentre la semplice realtà è che chiunque ha il diritto di chiedere qualsiasi cosa, così come tu hai il diritto di rispondere No senza troppi fronzoli. Immagina se nessuno potesse chiedere dei favori agli altri, oppure se la gente cominciasse a prendere ciò che vuole senza chiedere. Se non altro la vita diverrebbe un vero caos.

- **Io non dovrei dire di No:** non pensare che prendere cura di te stesso sia un atto di egoismo, tutt'altro. Tu sei esattamente come chiunque altro e proprio per questo motivo meriti il rispetto che anche gli altri meritano, prendersi cura di te e delle tue esigenze significa volere bene a te stesso. Tu hai il pieno diritto di rispondere No alle persone. Così come chiunque altro hai le tue personali esigenze ed è tuo diritto prendertene cura così come fanno gli altri. Ricorda che se qualcuno ti chiede un favore è perché non riesce ad adempire ciò che deve con le sue forze, essere gentili è un bel gesto ma sei tu nella posizione di decidere se è possibile aiutarlo oppure no.

- **Non lo accetteranno:** potresti d'altronde pensare che se anche tu dicessi No, le persone non lo accetterebbero e si aspetterebbero che tu la facessi comunque. In effetti, se tu hai portato avanti per degli anni l'abitudine di rispondere sempre Sì, allora potrebbero fare fatica a credere alle proprie orecchie quando sentiranno un No per la prima volta. Si potrebbero aspettare che tu continui a farlo visto che l'hai sempre fatto. C'è bisogno che metti le cose in chiaro. *Ricorda: non hai bisogno di giustificare la tua negazione se non vuoi: "Mi dispiace, questa settimana non riesco".*

- **Non *mi* accetteranno:** se sei un passivo, allora probabilmente credi fermamente che le persone ti apprezzano soltanto perché tu sei sempre disposto a fare di tutto per loro. Ovviamente, se tu smettessi di essere così gentile e dire sempre di Sì, allora queste persone ti lascerebbero, giusto? A nessuno piace rimanere solo, è vero, ed è anche vero che effettivamente ci sono alcune persone che potrebbero volerti soltanto perché non rispondi mai di No, ma poniti una semplice domanda: *vale la pena di avere queste persone nella mia vita? Non è meglio avere una piccola compagnia, ma più sana? Ci sono delle persone che mi rispondono No a volte, eppure gli voglio bene?*

Imparare a dire No: la pratica

Non c'è assolutamente nulla di male nel dire di Sì, o fare favori alle persone. Il problema insorge però quando stai facendo queste cose non perché lo desideri realmente, ma piuttosto perché non ti trovi in grado di rispondere No, ed allora finisci per fare compiti sgraditi e fatichi a portare a termine i tuoi. A questo proposito adesso vediamo alcune cose da tenere a mente quando ti troverai a voler dire No a qualcuno; ti consiglio di segnare quelle che più si rivelano adatte alla tua situazione.

☐ **Assumi una postura assertiva**: come abbiamo visto in precedenza, ci sono delle posizioni corporee che è possibile assumere al fine di essere più assertivi. Per questo motivo conviene guardare la persona negli occhi mentre parli, tenere le spalle indietro e la testa alta, evitare di gesticolare in maniera anormale e mantenere un tono di voce calmo, ma comunque comprensibile a tutti. Non credi ancora che il linguaggio non verbale sia così importante? Prova soltanto a dire No a qualcuno, e nel contempo avere un linguaggio del corpo indeciso, che non guarda negli occhi l'interlocutore e si tira indietro.

L'altra persona noterà queste caratteristiche e continuerà ad insistere dal momento che percepisce insicurezza in te.

- **Prima pensa, poi parla**: se non sei ancora sicuro di quale sarà la tua risposta, allora fermati e pensa. Non pensare unicamente per quelle che sono le esigenze dell'altra persona, ma valuta anche le tue. Hai davvero tempo per fare ciò che ti chiede? È davvero nelle tue capacità? Lo vuoi fare oppure no? Se ti presenti indeciso, allora l'altra persona insisterà per avere un Sì. Se necessario, chiedi un po' di tempo per pensarci su.

- **Importa anche *come* lo dici**: non focalizzarti soltanto su quello che vuoi dire ma anche sul *come* lo vuoi dire. Se sei sicuro della tua risposta ma non altrettanto sicuro di come la vuoi dire, allora è più probabile che tu ti ritrovi ad esitare o balbettare. Abbiamo già visto in precedenza come questi fenomeni creano insicurezza in te e sicurezza nell'interlocutore. Sii deciso nella tua risposta e non lasciare incertezze, altrimenti l'altra persona potrebbe non avere chiara la tua risposta. Evita risposte come: *"Non credo di riuscire…"* *"Forse dopo posso farlo…"*, spiegati con chiarezza: *"No, mi spiace ma non riesco."*.

- **Non ti scusare quando non devi farlo:** scusarti ti mette in una posizione di debito rispetto alla persona che ti chiede il favore. Ricorda che tu non sei in debito (o lo sei?) con nessuno, quando una persona ti chiede un favore, è lei ad essere in una posizione di minoranza, mentre tu hai il comando, puoi decidere ciò che vuoi. Scusarsi continuamente ti mette in una posizione sfavorevole, e la persona dall'altra parte nella maggior parte dei casi non si aspetta che tu ti scusi *"Scusami, so che dovrei ma non riesco..."*.

- **Non devi giustificarti:** non pensare di dover giustificare il tuo no, infatti nella maggior parte dei casi non c'è alcun bisogno di specificare il motivo della tua risposta. Giustificarsi con l'altra persona fa sembrare che tu non voglia farlo piuttosto che non possa, per cui limitati a dire che non riesci a fare questo favore e basta.

- **La tecnica del "disco rotto":** sappi che non è necessario che tu ripeti ogni volta la stessa frase per dire di No. Se tu continui a giustificare i motivi per cui stai rispondendo di no, dai un certo controllo all'interlocutore, che inizierà a pensare che eventualmente finirai le cose da dire e cederai per un Sì. Non cercare le parole giuste per creare una risposta a lui soddisfacente, altrimenti gli starai dando il controllo. Sentiti libero di utilizzare la stessa risposta ripetutamente: *"No, non lo farò, no non lo farò, no non lo farò..."*. Potrà sembrarti strano ma funziona perfettamente.

- **Non chiedere il permesso di dire No:** non dimenticarlo mai, dire No è un tuo diritto. Non devi chiedere il permesso a nessuno. Una persona è venuta da te a chiedere un favore e quindi sono loro che chiedono il permesso a te, sarebbe assurdo che tu replicassi con un ulteriore permesso! Stai nuovamente invertendo le posizioni, ovvero metti l'altra persona in una condizione di comando che originariamente non aveva. Evita del tutto risposte come: *"Ti infastidisce se rifiuto?"* *"Scusa, devo dirti di no... non fa niente?"*.

Tu magari lo fai per non ferire i sentimenti dell'altra persona, ma ricorda che fa meno male un No diretto e conciso piuttosto che altro.

Quando ti giustifichi, infastidisce il fatto che trovi delle scuse, e quando chiedi il permesso stai facendo perdere tempo alla persona. Se veramente vuoi essere gentile rispondi con un semplice *"No, mi dispiace"*.

- **Prendi una posizione e restaci:** non ti sto dicendo che non devi mai cambiare idea, una persona potrebbe chiederti un favore e poi sottolineare che si trova in una situazione davvero difficile: cambiare idea va bene. Ma se tu non hai intenzione di cambiare idea, stai attento perché l'interlocutore potrebbe insistere nel tentativo di avere un Sì. Se ti indebolisci allora lui diventerà più forte, in questo caso risponde con sempre maggiore sicurezza: *"No, te l'ho già detto"* *"Mi spiace, ma la risposta rimane no"*.

- **Aspetta che arrivi la domanda**: molte persone passive addirittura rispondono alla domanda ancora prima che questa arrivi. Ad esempio: *"Vorrei tanto mangiare la pizza stasera..."* *"Oh, te la preparo io"*. Probabilmente ti sarà capitato, questo è ancora peggio che rispondere ad una domanda perché l'altra persona non ha nemmeno dovuto chiederti il favore, sei tu che hai voluto farlo. In questo modo non solo tu sarai scocciato perché stai facendo qualcosa che non vuoi, ma non potrai che incolpare te stesso perché sei tu che ti sei proposto. Fare i favori alle persone è una cosa molto bella, quando sei tu a scegliere di farlo. Se invece ti senti obbligato ed i favori iniziano ad avere un peso sulla tua vita, allora è il caso di aspettare la richiesta. Spesso le persone tentano di invitarti ad offrirti volontario, invece aspetta che siano loro a chiedere, questo è un atteggiamento molto assertivo *"Avrei proprio bisogno di un passaggio..." "Riesci a portarmi?" "Va bene.".*

☐ **Non aspettarti di essere accettato:** non sempre le persone accetteranno un No. Quando risponderai negativamente alcune persone protesteranno e se la prenderanno con te. Non aspettarti che tutti ti accettino e soprattutto non giustificarti *("Non lo vedi quanto sono impegnato? E poi come faccio ad accompagnarti se la mia auto è rotta ecc.").* Questo è sbaglio dal momento che rinforza la convinzione che tu hai il diritto di rispondere No solamente quando puoi spiegarne il motivo.

Non dargli il potere, sei tu a decidere e se loro protestano allora possono andare da qualcuno che è d'accordo con loro. Puoi immaginare quanto sarebbe assurdo dare ragione ad una persona che ha torto, solamente per soddisfarla ed avere il privilegio di essere i suoi servi? Dov'è il vantaggio qui?

☐ **Accetta le conseguenze**: tu hai il diritto di dire No, e le altre persone ne accetteranno le conseguenze, così come devi fare tu. A volte ti pentirai di aver detto No, esattamente come puoi pentirti di dire Sì. Alcune persone si arrabbieranno e si offenderanno, ma d'altronde tocca scendere a compromessi nella vita.

Ora facciamo un esercizio per allenarci a dire No.

Imparare a dire No – Esercizio 1: Rispondere negativamente

Questo esercizio ti sarà utile per esercitarti a dire No in maniera assertiva. Puoi farlo benissimo da solo davanti ad uno specchio. Pensa ad una persona che spesso e volentieri ti pone richieste, magari anche in maniera sconsiderata e aggressiva. Pensa a quella persona con la quale fatichi di più a dire No ed essere assertivo in generale.

È ancora meglio se ti poni davanti ad uno specchio in modo da poter visualizzare anche il tuo comportamento non verbale, dal momento che è molto importante. Puoi fare questo esercizio anche con un partner, lui o lei dovrà chiederti il favore e tu avrai il compito di rifiutare. Il vostro partner (o te stesso, se ti eserciti da solo) deve impersonare colui che di solito vi arreca problemi nella vita quotidiana, e deve porre la domanda senza tentare di essere assertivo.

Il tuo compito invece è di rispondere alla domanda in maniera assertiva, quindi senza assumere un tono ed un comportamento aggressivo, ma senza nemmeno essere indeciso e lasciare spazio all'incertezza.

Ovviamente è necessario prendere una pausa per pensare ad una risposta assertiva va benissimo, non ci si aspetta di essere già in grado, altrimenti non saremmo qui! È essenziale che tu ed il partner vi confrontiate per poter capire che cosa vi abbia colpito del comportamento dell'altro. Ad esempio colui che risponde può chiedersi se rispondere No sia stato così difficile? Ti ha fatto sentire male, o più soddisfatto, realizzato?

D'altra parte colui che chiede dovrebbe riferire all'altro quali siano i comportamenti verbali e non verbali che possono averlo spinto ad insistere nella sua richiesta.

Ecco una lista di domande esempio che possono essere utilizzate. Provate a prendere spunto e crearne anche di nuove, il più realistiche possibile in relazione alla vostra vita, in modo che colpiscano di più.

- Fammi avere quel documento per stasera.
- Riesci a trascrivere questa lettera per me?
- Sono stanco stasera… cucini tu?
- Per favore porta anche il mio cane a passeggiare dopo il lavoro.
- Ti ho lasciato delle cose da stirare.
- D'ora in poi ti occuperai tu di tutti gli affari interni.

Imparare a dire No – Esercizio 2: Pensa prima di accettare

Ai passivi sarà sicuramente capitato (o forse è un abitudine costante) di rispondere di Sì automaticamente, senza nemmeno pensarci. Magari ci viene chiesto se possiamo dare un passaggio alla fermata dell'autobus e rispondiamo positivamente in maniera del tutto automatizzata. Non ci soffermiamo nemmeno un istante nel contemplare una possibile risposta negativa, magari considerando i nostri impegni, il tempo che abbiamo a disposizione eccetera. Ormai rispondere Sì è proprio seconda natura e lo dici anche senza volerlo perché il tuo cervello risponde quasi da solo.

A questo punto è chiaro però che insorge il bisogno di essere meno istintivi e fermarsi ogni qualvolta qualcuno ci porge una richiesta. Appena pensate di rispondere Sì fermatevi e ricordate *"Questa è una richiesta, posso scegliere se rispondere Sì oppure No"*. Pensate a quale vuole essere la vostra risposta e dopodiché procedete con il rispondere. Praticate questo esercizio per una settimana intera e valutate quali sono state le vostre risposte.

Usate lo spazio fornito qui sotto per elencare le richieste indesiderate che vi sono state poste durante la settimana e le relative risposte, dopodiché scrivete sotto quale risposta avreste preferito dare. Questo esercizio aiuterà la vostra mente ad assorbire un atteggiamento assertivo: con esercizio e costanza questo stile di comunicazione diventerà automatico. Vedrete che con il tempo il campo "Risposta più assertiva" inizierà a rimanere vuoto!

Richiesta:

_____

_____

_____

_____

Risposta data:

_____

_____

Risposta più assertiva:

Richiesta:

Risposta data:

Risposta più assertiva:

Richiesta:

Risposta data:

Risposta più assertiva:

CAPITOLO 8

Imparare a chiedere

Una grande abilità delle persone assertive è quella di poter controllare il proprio comportamento senza pretendere di fare lo stesso per il comportamento degli altri. Una persona assertiva sceglie che cosa è meglio per se in maniera decisa, non ha bisogno di controllare ciò che gli altri faranno. Se un assertivo decide di declinare una proposta, non tenta di giustificarsi o chiedere all'altra persona se gli da' fastidio ciò, fa una decisione per sé e se ne assume la responsabilità.

Questo può essere un grande problema per coloro che non sono assertivi, infatti nel momento in cui devono fare una richiesta a qualcuno, essi si sentono come se stessero dando un ordine, e questo li pone in una situazione di disagio. *Vorrei che mettessi i tuoi file su una chiavetta USB quando usi il mio computer"*, questo ci sembra un ordine ma la realtà è che si tratta soltanto di una richiesta perlopiù assolutamente legittima, e l'altra persona lo capirà. Non stiamo facendo altro che informare l'interlocutore di quello che è un desiderio, non stiamo ordinando nulla. Non li stiamo minacciando di picchiarli e non stiamo usando termini intimidatori di qualsiasi tipo, infatti l'altra persona è liberissima di non fare ciò che noi desideriamo, ma ovviamente ci saranno delle conseguenze, per esempio non potrà più usare il nostro computer.

Ciò che stiamo facendo è semplicemente controllare il nostro comportamento in funzione dei nostri desideri, ovviamente rispettando la contro parte e chiedendo che utilizzi il nostro computer in una determinata maniera. Non ordiniamo nulla perché non ce n'è bisogno e non è nostro diritto. Lasciamo il pieno controllo all'altra persona, che è effettivamente libera di fare ciò che vuole, con le relative conseguenze.

Una persona passiva si sentirà molto a disagio di fronte ad una cosa simile, in quanto ha paura che l'altra persona si possa arrabbiare. Si avvicinerà alla persona e farà la richiesta più o meno in questo modo: *"Hai una chiavetta USB per salvare i tuoi file...? Se vuoi te ne presto una io. Sai, vorrei che li salvassi lì perché preferisco tenere le cose in ordine ecc."*, in questo modo sta dando il controllo della situazione all'altra persona, che invece dovrebbe soltanto ringraziare di poter utilizzare il computer. Giustificando la sua scelta sta perdendo il controllo e l'altra persona sarà più riluttante nel fare ciò che dice perché non lo prenderà sul serio.

I passivi hanno paura che la loro richiesta sia irragionevole, piuttosto che chiedere di spostare i file preferiranno pensare ad un modo di riordinare i propri in modo da non avere disordine sul computer. Faranno di tutto per evitare una richiesta, come se l'altra persona dovesse avere tutti i comfort possibili.

Nel caso invece di una persona aggressiva, essa preferirà ordinare all'altra persona di mettere i propri dati sulla chiavetta USB, altrimenti non potrà più usare il computer. Tralasciando quanto un atteggiamento di questo tipo sia deleterio per le relazioni umane, l'altra persona sarà spaventata e agirà per paura e non per rispetto, oppure sarà riluttante perché non è bello eseguire gli ordini degli altri.

Quando la propria richiesta non viene esaudita correttamente, o del tutto, allora la persona aggressiva si infurierà e incrementerà il proprio atteggiamento intimidatorio nel tentativo di avere il controllo dell'altra persona. Perché è questo che fondamentalmente vuole l'individuo aggressivo: il controllo delle altre persone in modo che soddisfino i suoi personali desideri.

In tutto questo pagliaio di richieste, non pensate che i passivo aggressivi rimangano tagliati fuori. Anche loro hanno il loro particolare modo di ottenere ciò che vogliono, e come al solito non si schierano da nessuna delle due parti ma anzi utilizzano un comportamento subdolo. I passivo aggressivi infatti non fanno richieste dirette, ma lavorano in modo che le circostanze siano a loro favore in modo da vedere i propri desideri soddisfatti. Per esempio, un passivo aggressivo potrebbe fingere di dimenticarsi di fare la spesa per suggerire che tocca all'inquilino andarci. Oppure potrebbe evitare di fare il pieno all'automobile in modo che il proprio partner sia costretto a farlo, piuttosto che chiedere semplicemente un favore. Quando una persona assume questo atteggiamento passivo aggressivo, l'interlocutore potrebbe accorgersene e non reagirà in maniera molto simpatica. Spesso potrebbe arrabbiarsi e far notare all'altro il suo atteggiamento meschino, che prontamente fingerà di non sapere nulla, ma in ogni caso la relazione tra le persone soffre per questo tipo di comunicazione negativa.

Andiamo allora a vedere degli ottimi suggerimenti per imparare a fare richieste come si deve, in modo da esprimere i nostri desideri in maniera assertiva,ovvero senza offendere nessuno e senza pretendere di avere il controllo sulle azioni delle altre persone.

- **Sii chiaro con te stesso**: prima di poterti esprimere con chiarezza, assicurati di essere chiaro con gli altri, che cos'è che vuoi veramente? Se vuoi che qualcuno sposti i propri file su una chiavetta, non perderti in chiacchiere come *"Sai, sono un tipo ordinato… Se riesci, avresti il tempo di spostare i tuoi file…"*, la maggior parte delle persone accetta una richiesta di questo tipo, ma è fastidioso girarci attorno senza arrivare al punto.
  Fai quindi chiarezza con te stesso e capisci ciò che vuoi, dopodiché potrai dirlo in maniera chiara .
- **Fai una richiesta, non dare un ordine**: non c'è nulla di male nel fare una richiesta, anche presumendo che la controparte accetti, ma è importante elaborarla come si deve. *"Vorrei averne uno anche io, grazie" "Usa una chiavetta per salvare i file per favore"*. È molto importante capire che le richieste non devono sembrare domande.

- **Rimuovi i dubbi**: Se hai dei dubbi riguardo alla tua richiesta, perché pensi che sia irragionevole, prova a metterti in una situazione inversa. Un tuo amico è così gentile da prestarti quotidianamente il computer e ti viene chiesto di salvare i tuoi dati su una chiavetta USB. Ti arrabbieresti? Se non altro troveresti subito una chiavetta da usare! È giusto che sia così, è già così gentile da fare questo prestito, figurati se devi usare il suo computer come vuoi te. Metterti nei panni degli altri è un ottimo modo per razionalizzare.

  La reazione che abbiamo visto dimostra come la maggior parte delle persone non reagirebbe negativamente, e se anche qualcuno lo facesse, non ne avrebbe il diritto.

- **Non metterti al centro della tua richiesta**: con questo semplice consiglio voglio dire che non devi spiegare il perché stai chiedendo qualcosa, chiedi semplicemente ciò che ti serve, ad esempio: *"Scusa, ho finito la benzina e sono rimasto a piedi. Dovevo farla prima di partire ma la stazione di servizio era chiusa… Mi saprebbe dire dov'è la stazione più vicina?"*, in questo caso faremmo bene a tenere soltanto l'ultima parte della frase, chiedendo direttamente ciò di cui abbiamo realmente bisogno e facendo risparmiare del tempo prezioso a noi stessi ed all'altra persona.

- **Non scusarti per aver chiesto:** questo è un classico errore delle persone passive, sentono l'impellente bisogno di chiedere scusa. Ricorda che hai il pieno diritto di chiedere qualsiasi cosa alle persone, così come loro hanno il diritto di rifiutare. Se cominci a scusarti in anticipo, allora stai dicendo all'altra persona che non credi di avere il diritto di chiedere, e quindi stai dando a lei tutto il controllo della situazione.

Metti in pratica questi consigli per una settimana, ogni qualvolta ti trovi con la necessità di fare una richiesta.

CAPITOLO 9

L'importanza di ascoltare

Degli studi dimostrano che l'attività dell'ascolto prende circa il quarantacinque percento delle nostre giornate. Ascoltare è infatti un'abilità dai più sottovalutata, in quanto la qualità delle tue relazioni di amicizia o famigliari, così come la tua produttività sul lavoro dipendono parecchio da quanto sei bravo a prestare attenzione a ciò che gli altri dicono. È proprio una sfortuna purtroppo che la maggior parte delle persone non sono delle ottime ascoltatrici, alcune ricerche hanno scoperto infatti che all'incirca il settantacinque percento delle comunicazioni orali finisce per venire ignorato completamente, se non capito male oppure dimenticato nell'arco di breve tempo.

Ancora più raro è trovare persone che siano in grado di carpire un significato più profondo all'interno delle parole degli altri. A tutti noi sarà capitato di parlare intensamente riguardo un argomento molto interessante, per poi scoprire che il nostro interlocutore non ha ascoltato nulla per tutto il tempo. Troppo spesso le parole delle persone entrano da un orecchio soltanto per poi uscire dall'altro.

Degli studi dimostrano che una grande causa di questo fenomeno è che, fin da piccoli, ci viene insegnato a non ascoltare quello che dicono le altre persone. Quando si è bambini infatti non è raro sentire delle raccomandazioni come queste:

- "Non ascoltare quello che ti ha detto"
- "Fai finta di non aver sentito"
- "Non dargli la soddisfazione di aver sentito quel che ha detto"

Il genitore tipico non solo verbalizza questo tipo di insegnamenti, ma li mette anche costantemente in pratica durante la propria vita quotidiana, ed i più piccoli imparano di conseguenza. Potrebbe essere poco attento nei confronti delle persone che gli parlano, allo stesso tempo interrompendole di frequente, e potrebbe rispondere con affermazioni conclusive anche se l'altra persona non ha finito. Insomma, fin da bambini vediamo ed impariamo ad essere dei cattivi ascoltatori, acquisiamo delle pessime abitudini comunicative che poi ci portiamo dietro per il resto della nostra vita, a meno che non ci impegniamo nel cambiarle.

Se proviamo a guardare le cose da una lente più grande, ci accorgiamo anche di come il sistema scolastico è coinvolto in tutto questo. In tutti gli anni che si passano all'interno delle scuole, viene sempre messo il focus sulla lettura. Negli anni successivi si potrebbe anche imparare la lettura veloce, oppure imparare a memoria testi e poesie, per poi doverle ripetere. Però non ci sono effettivamente dei programmi per imparare ad ascoltare efficacemente a scuola, dando per scontato che questa abilità sia innata per tutti noi. Questo ragionamento ha veramente poco senso, dal momento che, terminata la scuola, l'ex studente dovrà spendere tre quarti del proprio tempo ad ascoltare le altre persone, piuttosto che a leggere.

Anziché ricevere un adeguato allenamento per quanto riguarda l'ascolto, lo studente riceve un allenamento anti ascolto. Esattamente come i suoi genitori infatti, la maggior parte dei suoi professori purtroppo non saranno dei buoni ascoltatori. Anche loro dimostreranno disattenzione ed interromperanno gli studenti mentre parlano. Questo atteggiamento insegna ai bambini e ragazzini che devono essere più prepotenti e meno attenti se vogliono farsi sentire nella vita.

In aggiunta, le classi delle scuole sono strutturate in maniera che bisogna ascoltare per la maggior parte del tempo, e parlare molto poco. Durante la maggior parte delle lezioni capiterà di non sentir parlare nessuno se non il professore. È stato dimostrato come la nostra soglia di ascolto cali drasticamente dopo mezz'ora circa di ascolto senza interagire, ovvero rispondere, discutere eccetera.

Sentir parlare la stessa persona per tanto tempo consecutivo è veramente troppo per la nostra mente, che di conseguenza sposterà automaticamente la propria attenzione su altri argomenti, poco attinenti alla lezione. Questo è un esercizio dannoso per la mente, infatti lo studente non riuscirà mai ad ascoltare tutto ciò che viene detto durante le cinque o sei ore di lezione, e la sua mente si allenerà a non ascoltare, e piuttosto a pensare ai fatti propri.

A conti fatti capiamo che la società ci insegna a non prestare attenzione a ciò che gli altri dicono, eppure ecco che il maggior compito cui deve adempiere una persona adulta è proprio ascoltare gli altri. La qualità della nostra capacità di ascolto influenza molto sia la nostra vita sociale che lavorativa. In questo capitolo andremo dunque a vedere quali sono le abilità da imparare al fine di poter diventare buoni ascoltatori.

Essere presenti

Essere presenti vuol dire prestare la tua attenzione fisica ad un'altra persona. Possiamo anche dire che si tratta di ascoltare con tutto il proprio corpo. Essere presenti vuol dire che non soltanto tu stai ascoltando ciò che dice con le tue orecchie, ma anche il tuo linguaggio non verbale comunica la tua posizione di ascolto. Per poter essere presenti bisogna imparare la postura corretta, fare contatto visivo ed essere in un ambiente privo di distrazioni.

Essere presenti può sembrare una pratica da poco conto per alcuni, perché effettivamente non l'hanno mai provata. In realtà questo metodo di ascolto è assolutamente incredibile nel portare avanti relazioni con altre persone: provate soltanto ad immaginare una persona che non guarda il proprio smartphone, ma anzi vi ascolta, vi guarda e sembra essere assopita nel vostro discorso, un sogno, giusto? Questa persona sta dimostrando di essere interessata in te e ciò che dici, mentre i non ascoltatori sono di pessima compagnia, in quanto fanno sentire chi parla come se fosse da solo (a meno che non siano loro a parlare, naturalmente).

In un università americana di psicologia degli studenti ebbero l'idea di fare un esperimento. Allenarono degli altri sei studenti al fine di insegnargli ad essere presenti ed ascoltare attivamente. Dopodiché, una volta che questi studenti si trovarono a lezione con un professore, essi assunsero il tipico atteggiamento "da classe", ovvero poco attento eccetera. Il professore iniziò a leggere i propri appunti con un tono di voce monotono, senza fare gesti e senza prestare attenzione agli studenti. A questo punto però gli studenti iniziarono deliberatamente ad essere presenti ed ascoltare attentamente il professore.

Nel giro di mezzo minuto, il tono di voce del professore aumentò ed iniziò a gesticolare mentre spiegava la lezione. La classe cambiò completamente faccia, e bastò semplicemente essere più presenti fisicamente per poter fare ciò. Dopo un po' gli studenti riassunsero un atteggiamento disattento e nel giro di poco il professore tornò a spiegare con la precedente monotonia.

Essere presenti è uno degli atteggiamenti più efficienti se vogliamo legare con una persona. Non dimentichiamo che il linguaggio non verbale rappresenta quell'insieme di segnali che le persone prediligono nel valutare un comportamento. In poche parole, se dici "A" ma il linguaggio non verbale dice "B", le persone crederanno al "B". Questo accade perché il linguaggio non verbale è molto più spontaneo ed è quindi più probabile che rappresenti la verità.

La postura dell'ascolto

Il buon ascoltatore comunica la propria attenzione tramite la propria concentrazione durante la conversazione, dimostrandosi allo stesso tempo rilassato. Questo è un piccolo dettaglio ma è estremamente importante, questo connubio tra rilassamento ed attenzione che potrebbe sembrare un controsenso, in realtà è importante.

Il rilassamento è un segnale positivo per il nostro interlocutore, comunichiamo infatti che non lo giudicheremo e ci troviamo bene con lui o lei, e quindi non abbiamo un fare autoritario, non stiamo discutendo o litigando. La concentrazione allo stesso tempo sta a significare che ci importa di sentire ciò che sta dicendo, e vogliamo dimostrarlo con il nostro essere concentrati. Quando questi due messaggi vengono bilanciati adeguatamente, l'altra persona capirà che siamo presenti e stiamo ascoltando, e si sentirà a proprio agio.

Inclinare il proprio corpo verso quello dell'interlocutore è un altro segnale che comunica grande attenzione, anziché allontanarsi da esso e voltare lo sguardo da un'altra parte. È infatti importante stare rivolti verso l'altra persona, e porre le proprie spalle allo stesso livello dell'altra persona. È facile immaginare uno scenario in cui le spalle non sono locate allo stesso livello, ad esempio quando una persona è seduta e l'altra è in piedi. Come pensate che faccia sentire questa situazione? Sicuramente non ci si sente a proprio agio quando l'interlocutore è in piedi e noi siamo seduti: può significare che l'altro se ne vorrebbe andare al più presto, oppure che quello seduto non è interessato a ciò che diciamo.

Un altro aspetto importante del nostro linguaggio non verbale è mantenere una posizione corporea aperta. Ad esempio, tenere le gambe o le braccia incrociate è un segnale non verbale che indica essere chiusi e difensivi. Vi sarà già capitato di vedere delle persone arrabbiate scagliarsi verso qualcun altro, provate a pensare: come ha reagito colui che doveva essere sgridato? Probabilmente ha abbassato lo sguardo ed ha incrociato le braccia, come per dire *"Non ho intenzione di ascoltarti e cambiare idea"*. Per esempio capita quando un figlio viene sgridato dal genitore, un messaggio per dire che ogni cosa che verrà detta sarà inutile.

Posizionarsi ad un adeguata distanza dall'altra persona è un altro fattore importante quando si vuole essere presenti durante una conversazione. Una distanza troppo alta tra le due persone infatti impedisce una comunicazione efficace. Uno psicologo condusse un test durante la quale pose i propri clienti a distanze sempre più elevate da lui. Al termine del test esaminò i comportamenti dei propri clienti e gli chiese come si erano sentiti durante la terapia. Ciò che scoprii fu che, maggiore la distanza dal terapeuta, maggiore fu anche l'ansia provata dai clienti.

Bisogna tenere a mente però che anche quando la distanza tra due soggetti è troppo poca ci si può sentire a disagio. Questo capita specialmente con le persone che non conosciamo, dalla quale tendiamo di stare più lontani. Non ci accorgiamo molto di questo nostro comportamento perché di solito tutti noi rispettiamo grossomodo gli stessi standard di distanza, e ci sentiamo a disagio solo quando qualcuno li "rompe". Con i nostri amici ad esempio ci sentiamo a nostro agio anche a distanze più ravvicinate, ed ancora di più con i nostri partner. Anche se, in quest'ultimo caso, anche una distanza ravvicinata per lungo tempo può causare discomfort.

La dimensione di questa "bolla" che circonda ognuno di noi dipende molto, come abbiamo visto, dalla persona con cui ci stiamo relazionando in un dato momento, ma anche dalle differenze culturali. Ogni paese infatti porta con sé diversi usi che comportano anche la distanza sociale da mantenere. Se non vi sentite sicuri di dove posizionarvi, sarà abbastanza avvicinarsi gradualmente notare la reazione dell'altra persona.

I movimenti dell'ascoltatore

Dei movimenti corporei adatti sono la chiave per poter diventare un ottimo ascoltatore, e quindi essere una persona assertiva. Uno studio riguardo al linguaggio non verbale per quanto riguarda la capacità di ascolto ha dimostrato che l'ascoltatore che rimane fermo viene visto come freddo, riservato e distolto. In modo contrario, l'ascoltatore che invece ha un atteggiamento attivo (non per questo nervoso, o inadeguato) viene visto come una persona calorosa, amichevole e molto più naturale (elemento essenziale per stringere relazioni).

Le persone si trovano molto più a proprio agio mentre parlano con persone che si muovono, dimostrano di essere presenti ed interessate, piuttosto che stare ferme e rigide. È stato visto come i buoni ascoltatori tendono a fare dei piccoli gesti corporei mentre l'interlocutore parla, e aumentare la quantità di gesti quando invece tocca a loro parlare.

Eventualmente capita che l'altra persona inizi a gesticolare simulando l'interlocutore, tanta è la sintonia che si va a formare.

Però qui bisogna prestare attenzione, infatti può capitare che un ascoltare faccia sì movimenti, ma non correlati al discorso dell'interlocutore. Per esempio, se mentre ascolto una persona, mi muovo continuamente per sistemarmi sulla sedia, oppure gesticolo per rispondere a stimoli esterni alla nostra situazione, allora questo non andrà a giovare all'interlocutore. Egli infatti si sentirà poco ascoltato e avrà meno voglia di continuare. Il buon ascoltatore muove il proprio corpo in risposta al discorso dell'altra persona, potrebbe cambiare posizione ogni tanto, ma perlopiù si muove quando viene toccato un tema particolare, o si giunge ad una conclusione.

Chiaramente, una persona che gioca con le proprie chiavi, oppure ticchetta le dita sulla scrivania, o batte i piedi nervosamente, dimostra che non ha interesse nella conversazione, si sente nervoso e vorrebbe andarsene al più presto. Non importa se questa persona guarda l'interlocutore negli occhi e sembra seguirlo, questi atteggiamenti non verbali attivi sono assai rivelatori del reale pensiero di una persona.

Il contatto visivo dell'ascoltatore

Il contatto visivo è una parte essenziale dell'essere buoni ascoltatori, infatti è proprio un pilastro portante della comunicazione non verbale. Un contatto visivo efficace dimostra un interesse e reale desiderio di ascoltare l'altra persona. Un esempio di contatto visivo efficiente è lo sguardo che si posa sugli occhi dell'interlocutore, per poi passare alla sua faccia e poi ai gesti che sta facendo, finendo di nuovo poi sugli occhi e mantenendo il focus per qualche secondo (o finché ti senti confortevole nel farlo).

Un esempio di contatto visivo poco efficace invece è quello di una persona che evita costantemente lo sguardo dell'interlocutore, oppure che lo fissa di continuo negli occhi, per poi spostare lo sguardo altrove e tornare a guardarlo negli occhi. Questo accade quando la persona è molto nervosa e non ascolta nemmeno ciò che sta sentendo. Quando l'atteggiamento *non è* naturale, l'interlocutore lo nota e percepisce che non stai ascoltando, dal momento che ti stai impegnando in altri comportamenti.

Un ottimo contatto visivo consente alla persona che sta parlando di captare la tua attenzione, capire con efficacia che sta venendo ascoltata ed il suo messaggio viene compreso. Un ottimo ascoltatore potrebbe fare, in maniera molto naturale, un espressione contrariata quando un concetto non viene ben capito. Non pensate che l'interlocutore si arrabbi per ciò, anzi, semmai è contento che l'altra persona si sta sforzando di capire ciò che viene detto.

L'interlocutore può dunque capire il tuo livello di ascolto tramite lo sguardo, ed anche tu puoi cogliere il significato più profondo di ciò che dice con un buon contatto visivo. Non a caso si dice che "gli occhi sono lo specchio dell'anima", è infatti possibile capire molto guardando gli occhi delle altre persone, specialmente mentre parlano, ovvero esprimono idee, emozioni. Guardare gli occhi ti permette di metterti nei panni dell'altra persona e valutare ciò che dice in maniera molto più introspettiva e realistica.

Il problema principale è però che molte persone fanno fatica a mantenere il contatto visivo, così come molte altre persone non riescono a trovarsi a proprio agio e non sanno come dovrebbero posizionarsi durante le interazioni sociali, o come dovrebbero usare le proprie mani. Spesso e volentieri capita di vedere persone che distolgono lo sguardo dall'interlocutore nel momento in cui quest'ultimo mostra delle emozioni, per paura di metterlo in imbarazzo. Questo è un comportamento non funzionale ad un buon ascolto, infatti chi sa ascoltare efficacemente capisce i sentimenti dell'altra persona e li capta sia tramite ciò che dice, sia tramite il suo linguaggio non verbale. Inoltre, in molte società relazionarsi in maniera profonda viene visto quasi come un tabù in molte società, ed il contatto visivo è una pratica molto efficace in ciò.

Per quanto sia difficile guardare una persona negli occhi, bisogna anche dire però che non è per nulla piacevole, e credo che sarai d'accordo con me, parlare con una persona il cui sguardo volta continuamente verso diversi punti della stanza. È fastidioso sia perché ci dimostra che l'interlocutore non ci sta ascoltando per nulla, sia perché ci distrae dal nostro stesso discorso. Questo accade perché i suoi movimenti non sono correlati alla conversazione, e demotiva parecchio la persona che sta parlando. Nei casi più estremi chi sta parlando potrebbe anche andarsene.

L'abilità di un buon contatto visivo è dunque di fondamentale importanza per sviluppare delle relazioni interpersonali nella nostra società. Spesso e volentieri non può venire messo in pratica nella maniera più efficace perché le altre persone non si trovano a proprio agio. Tuttavia, se unita ad un buon ascolto, questa pratica ti consente di rivelare la tua attenzione all'interlocutore, ed inoltre capire in maniera più profonda il messaggio che egli vuole trasmettere. Capire l'importanza del contatto visivo è il primo passo verso uno stile comunicativo più efficiente.

Se sei una di quelle persone che non ha l'abitudine di guardare le persone in faccia, allora vale la pena esercitarsi. Non devi fissare le persone per più tempo possibile, ma semplicemente mantieni il contatto visivo fin quando ti senti confortevole. Dopodiché puoi distogliere lo sguardo e guardare da un'altra parte, magari concentrandoti sui suoi gesti o sul suo corpo. Non commettere l'errore di guardare da tutt'altra parte perché può indicare una mancanza di interesse nei confronti della conversazione.

Prova ad esercitarti in questa pratica ogni qualvolta che parli con qualcuno, e vedrai che nell'arco di breve tempo le persone parleranno più volentieri insieme a te, e tu capirai con più profondità ciò che intendono dire.

Mettere in pratica queste nozioni

Spesso e volentieri capita che le persone sappiano già, a livello inconscio, dell'esistenza di questi comportamenti non verbali. L'essere presenti, i movimenti, il contatto visivo, se si chiede ad una persona di assumere volontariamente un atteggiamento non presente, ecco che allora vedremo una posizione disinteressata, e vedremo la stessa cosa se chiederemo di assumere un atteggiamento presente. Le persone sono già effettivamente a conoscenza dei comportamenti adatti e non adatti da assumere quando si ascolta qualcuno. A questo punto, la domanda sorge spontanea: come mai le persone non mettono in pratica questi comportamenti?

In primo luogo si tratta di una questione di consapevolezza di sé. Molte persone conosco questi atteggiamenti e sono in grado di spiegarli se gli viene chiesto ciò, ma è più una conoscenza inconscia e le persone tendono a lasciarla inutilizzata. Quando questi atteggiamenti gli vengono spiegati, allora il loro livello di consapevolezza si alza, e si rendono conto di poter utilizzare gli strumenti di cui già sono dotati.

E poi bisogna anche riconoscere che, nel momento in cui non siamo a conoscenza dei grandi risultati che l'essere presenti può comportare, possiamo trattare questa pratica come se fosse di poco conto. Quando invece capiamo quanto può essere efficace essere dei buoni ascoltatori anche non verbalmente, allora ci "svegliamo" ed iniziamo a mettere più impegno in questi comportamenti che spesso scartiamo. Una volta imparati i pregi di essere presenti e le varie tecniche, allora le persone trovano la motivazione per adempire questo nuovo approccio alla comunicazione, ed una volta visti i risultati positivi verrà naturale portare avanti questa pratica con ancora più frequenza.

La comunicazione è un attività principalmente non verbale. Chi studia la materia lo sa bene, infatti è stato visto come l'ottantacinque percento della nostra comunicazione avviene tramite vie non verbali. Essere presenti è la parte non verbale dell'ascolto, ed è proprio per questo motivo che è un abilità essenziale da apprendere se si vuole diventare dei buoni ascoltatori, e quindi delle persone assertive.

CAPITOLO 10

Ricevere le opinioni negative

Sentire ciò che agli altri piace di noi può essere già un compito molto difficile per i non assertivi, figuriamoci invece dover sentire che cosa non gli piace, che cosa li ha offesi, che cosa li ha delusi o cosa pensano di ciò che abbiamo fatto. Tutto ciò può essere assolutamente insopportabile. La cosa peggiore di questo è che la maggior parte delle persone non è per nulla assertiva, e quindi noi riceviamo un opinione in maniera sbagliata. Sebbene a noi non è possibile aiutare tutti quanti a diventare più assertivi, possiamo perlomeno capire quale approccio funziona meglio per affrontare le opinioni negative che arrivano dai non assertivi. Queste opinioni sono spesso dette in tono aggressivo e offensivo, non servono realmente ad aiutarci e migliorarci ma piuttosto a scatenare la propria rabbia su di noi.

È normale che, la maggior parte delle persone, non ama venire criticata. Purtroppo però, tutti noi lavoriamo e quindi siamo soggetti ad errori che sono inevitabili, e dal momento che quasi tutti noi lavoriamo insieme ad altre persone, le critiche non possono essere escluse. L'unico modo per sfuggire davvero a critiche di ogni sorta sarebbe rifugiarsi in un isola deserta! A quel punto però, non avresti più bisogno di essere assertivo, o sbaglio? Dunque, viviamo tutti insieme e, prima o poi, siamo tutti soggetti ad opinioni negative, che siano dette con amichevolezza o con poca assertività.

Ad onor del vero, noi abbiamo bisogno delle opinioni negative altrui, questo è vero per il semplice fatto che analizzare noi stessi, quello che facciamo bene, quello che sbagliamo, può essere davvero difficile. Non abbiamo infatti una visione di noi corretta, il più delle volte ci vediamo tramite lenti distorte, non sappiamo dire come realmente appaiamo ad il resto del mondo. Non sappiamo se quello che facciamo ha l'effetto desiderato e se quello che diciamo ha l'impatto che speravamo avesse. Capiamo dunque che insorge il bisogno di un feedback, di qualcuno che ci dica come stiamo andando, se possiamo migliorare oppure no. Le critiche delle altre persone possono fornire un ottimo punto di vista esterno per fare un auto analisi.

Le critiche sono proprio come uno specchio, che ci rivela come realmente siamo. Lo specchio però ci deve dire sia quando abbiamo un ottimo aspetto, sia quando dovremmo darci una sistemata. Potrebbe non piacerci sentircelo dire, ma la realtà non sempre piace. In questo modo noi possiamo modificare quelle che sono le nostre azioni in modo da raggiungere i nostri obbiettivi.

Il problema però è che le critiche degli altri non forniscono sempre un immagine accurata della nostra persona, delle nostre azioni eccetera. Infatti le opinioni che ci arrivano potrebbero essere distorte dalla visione delle altre persone, sia involontariamente, per via di alcune distorsioni cognitive, sia volontariamente, per ostacolarci, per invidia eccetera.

Ecco alcune variabili che possono essere d'intralcio mentre si forma un opinione, e potrebbero distorcerla notevolmente:

- **Standard irrealistici:** succede anche che le persone si facciano delle aspettative altissime nei nostri confronti, e pretendano la perfezione. Per quanto noi possiamo essere in gamba, la perfezione rimane un traguardo irraggiungibile e nessuno può ambirvi. Questo tipo di persone si arrabbierà quando saprà che non abbiamo raggiunto le loro straordinarie aspettative. Inutile dire che questo genere di critica è inutile.

- **L'umore:** molto spesso capita che le critiche che riceviamo siano molto aspre non tanto per la gravità delle nostre azioni, ma più che altro per via dell'umore di chi le esprime. In questo caso l'opinione è *molto poco rilevante*, in quanto la persona in questione sta semplicemente esprimendo le proprie emozioni, e non una vera critica costruttiva.

- **Competizione:** spesso e volentieri lo spirito di competizione porta i tuoi avversari a voler intaccare la tua fiducia, per questo motivo tentano di danneggiarti con critiche infondate oppure esagerate. Se ti rallentano abbastanza, sperano di poter vincere.

- **Paura:** non è una sorpresa che parecchie persone si lasciano guidare dalla paura. Alcune persone sono infatti talmente spaventate dal dover fare una critica negativa che esitano per delle ore o addirittura dei giorni prima di rivelarla. Tendono a girare attorno al punto senza arrivare alla conclusione, e quando ci arrivano è spesso in maniera molto vaga. Nella maggior parte dei casi è colui che viene criticato a dover indovinare e chiedere che cosa c'è che non va.

- **Gelosia:** direi che tutti noi abbiamo visto episodi di critica legati alla gelosia. Quando una persona vede qualcuno che raggiunge i propri obbiettivi, ecco che potrebbe sentirsi inadeguata, inferiore. Questo causa rabbia nella persona gelosa, che provvederà ad esprimerla criticando l'altro per sentirsi "meglio". Esempio: *"è vero, hai vinto la gara, ma soltanto perché due concorrenti sono stati eliminati!"*.

- **Frustrazione:** molte persone tendono a nascondere le proprie opinioni negative, finché un giorno non riescono più a sopportare il fardello di tenerle per sé e la loro frustrazione gliele fa dire in un onda di impetuosa rabbia. Anche qui, l'opinione è di scarso valore dal momento che è più che altro una manifestazione delle emozioni.

- **Manie di controllo:** non è certo una sorpresa che certe persone vogliano controllare gli altri. Abbiamo visto come gli aggressivi ed i passivo aggressivi mettono in gioco degli atteggiamenti coordinati al fine di controllare le altre persone. Spesso e volentieri molte persone fanno lo stesso con le proprie opinioni. Ad esempio potranno criticarci aspramente, e poi usarla come scusa per assumere il controllo della situazione. Ad esempio: *"Il tuo progetto è un disastro! Non sei in grado di portarlo avanti, d'ora in poi dirigerò io questo lavoro"*.

Ogni qualvolta ti si presenta un opinione ovviamente valuta se essa è realistica e quindi è il caso di fare un auto esame e migliorare sotto qualche aspetto di te stesso. Tuttavia, ora che conosci questi tipi di distorsioni cognitive che le persone utilizzano (forse le usi anche tu?) vale la pena pensare se l'opinione che stai ricevendo è realistica oppure è semplicemente guidata dalle emozioni dell'altra persona.

Le opinioni negative sotto diverse forme

Abbiamo visto come le opinioni negative possono giungere alle nostre orecchie tramite diverse forme, e quindi può essere difficile distinguere un genuino consiglio per il nostro miglioramento da critiche che invece sono suscitate semplicemente da emozioni negative. Adesso andiamo invece a vedere quali sono i diversi tipi di criticismi e come possono influenzarci.

Criticismo offensivo

Nel criticismo offensivo ci troviamo di fronte ad una critica chiara e concisa. Spesso e volentieri il tono è molto aggressivo e la critica è infondata se non esagerata, non è infatti raro che la fonte di queste critiche siano una serie di distorsioni cognitive. Le persone che fanno questo tipo di critiche sono solitamente dall'atteggiamento aggressivo e potrebbero anche invadere i tuoi spazi personali, scagliarsi verso di te o comunque assumere dei toni intimidatori. A tutti noi sarà già capitato di avere a che fare con persone di questo tipo almeno qualche volta:

- "Possibile che non ne azzecchi mai una?!"
- "Sei un completo disastro"
- "Hai sbagliato, come sempre."

Questo tipo di criticismo è più che altro un espressione delle emozioni negative dell'altra persona e non riflette la reale entità del tuo errore.

Criticismo diretto

In questo caso la critica si dimostra simile alle critiche offensive per la sua natura diretta e concisa, ma in genere non è aggressiva come le precedenti.

- *"C'erano degli errori grammaticali nel tema"*
- *"Hai dimenticato di chiamare l'ultimo cliente"*
- *"Ultimamente fai troppi ritardi"*

- *"Non mi piace il tuo atteggiamento nei miei confronti"*

La linea che separa questo tipo di critica da quella aggressiva può essere sottile, infatti basta lasciarsi prendere troppo dalle emozioni per scivolare in un atteggiamento ostile. Tuttavia, se utilizzate nella maniera corretta, le critiche dirette sono costruttive e possono aiutare chi le riceve a migliorarsi. Certo, non sempre è facile digerirle, ma è un passo che tutti noi dobbiamo fare per poter cambiare in meglio.

Criticismo non verbale

Non è raro che le critiche arrivino senza l'ausilio delle parole, molto spesso infatti le persone semplicemente evitano di guardarci per farci sentire in colpa, oppure assumono espressioni contrariate, o più semplicemente se ne vanno dalla situazione. Non viene detto nulla ma noi abbiamo modo di captare i messaggi che ci mandano. Le persone utilizzano spesso il proprio linguaggio non verbale al fine di comunicare il proprio dissenso nei confronti delle nostre azioni e parole. A volte potrebbero anche parlare, ma non diranno nulla di critico nei nostri confronti, sarà soltanto il loro corpo a comunicarci con i gesti. Non dimentichiamo che, di fronte ad un linguaggio verbale e non verbale, conviene sempre fidarsi del non verbale, in quanto più naturale e genuino.

La forma di comunicazione non verbale è infatti molto potente, le persone la usano spesso, sia volontariamente che non. Molto di frequente viene utilizzata in maniera subdola, ad esempio per esprimere una critica ma senza il bisogno di prendersi alcuna responsabilità. *"Ma di che parli? Io non ti ho detto nulla..."*, chissà quante volte ti è già capitato. Il messaggio è passato correttamente, hai capito perfettamente il dissenso provato nei tuoi confronti, però nessuno ha detto nulla e quindi non c'è alcun formale dissenso. Questa tattica viene spesso utilizzata dalle persone passivo aggressive, in quanto è in grado di ferire gli altri, ma senza doversi esporre ad alcun rischio.

Molto spesso questo tipo di atteggiamento viene utilizzato al fine di controllare il tuo comportamento. Infatti, usando il linguaggio non verbale per esprimere una critica, le persone possono essere in grado di farti sentire in errore e quindi indurti a fare ciò che loro vogliono. Non soltanto, dal momento che loro non ti hanno chiesto nulla, non si sentono nemmeno in dovere di doverti tornare il favore. Fino a prova contraria sei stato tu a fare spontaneamente i loro interessi, loro non hanno detto nulla. Questo tipo di manipolazione può farti sentire davvero frustrato, specialmente quando accade ripetutamente. Ti fa sentire stupido perché tu hai ricevuto un messaggio che l'altra persona nega, ed inoltre senti di non avere il controllo della situazione dal momento che non vivi come realmente tu vorresti. Ad un certo punto potresti anche sentirsi confuso: *"Forse mi sono immaginato tutto quanto? Forse non quel comportamento non era diretto a me?"*.

Criticismo indiretto

Questo genere di criticismo non è molto differente dal criticismo non verbale, se non che in questo caso il messaggio arriva anche per mezzo della comunicazione verbale.

Anzitutto vediamo i complimenti ambigui: questo tipo di critica lascia chi la riceve abbastanza confuso, perché contiene un messaggio subliminale. Spesso viene causata da emozioni negative da parte di chi la dice, ad esempio rabbia, gelosia, frustrazione. Vediamo degli esempi per capire meglio di che cosa si tratta.

- *"Complimenti per la cena. Le lasagne sono venute bene seppur tu sia inesperto"*
- *"Brava, il tuo progetto sembra essersi concluso bene, nonostante tutti gli errori"*
- *"Hai un ottimo aspetto per la tua età"*

Con questo tipo di criticismo l'aspetto positivo del "complimento" viene proprio da un assunzione negativa. Si parte dal presupposto che tu sei inesperto, che hai commesso molti errori nel tuo lavoro ed infine che sei vecchio, per poi "ammendare" la critica con un piccolo, nel più dei casi falso, complimento.

Un altro tipo di critica indiretta invece è l'osservazione innocente, in questo caso l'interlocutore fa un osservazione negativa che è apparentemente generica e non indirizzata, ma nella realtà dei fatti è una frecciatina rivolta a te.

- "Chiunque abbia disegnato questo dipinto è un incapace – ah, sei stato tu?"
- "Chi frequenta quel posto è un imbecille"
- "Ma c'è davvero ancora qualcuno che vota per X? Ridicolo"

In questo caso la natura offensiva dell'affermazione colpisce l'indirizzato ma, come è tipico dei passivo aggressivi, chi l'ha detta non si assumerà alcuna responsabilità. Si difenderà dicendo che non intendeva insultare te, o che stava semplicemente parlando in linea generica, ed ovviamente ci sono delle eccezioni. Questo atteggiamento può creare davvero molta confusione per chi lo riceve, che verrà lasciato domandandosi se è stato un caso oppure no.

CAPITOLO 11

Come reagiamo alle critiche?

Ora che abbiamo visto i diversi tipi di critiche che possiamo incontrare, è giusto capire come possiamo rispondere ad esse in maniera efficace. Spesso e volentieri infatti rispondiamo alle critiche in maniera sbagliata, dunque vediamo alcune delle reazioni che abbiamo in risposta alle opinioni negative che ci vengono dirette.

- **Paura:** questa è un emozione che si vede spesso come risposta alle critiche, spesso essa viene scaturita dal commento stesso. Ad esempio, se di viene detto *"Non sei in grado di guidare"*, potremmo spaventarci nel pensare che davvero noi non sappiamo guidare. La paura però può anche nascere dalla paura della reazione delle altre persone, se veniamo fortemente criticati, potremmo temere infatti che la stessa persona ci colpisca fisicamente.

Può anche capitare che la paura derivi da una possibile conseguenza non violenta, il più delle volte quando la persona che ci critica ricopre una posizione di autorità nei nostri confronti, ad esempio il nostro capo. Se egli critica il nostro modo di lavorare potremmo avere paura di venire licenziati, oppure di essere degradati, oppure potremmo temere di rimanere soli se il nostro partner ci giudica.

Di per sé, non è un male essere spaventati, bisogna però capire perché siamo spaventati. Spesso e volentieri capita che ci spaventiamo per ragioni completamente irrazionali.

- **Rabbia:** quando veniamo criticati, una reazione molto comune è sentirsi attaccati, e quindi ci arrabbiamo di conseguenza. Ad esempio, se il nostro partner ci critica, potremmo pensare *"Come se lui non si comportasse mai in questa maniera!"*, così come per la paura, la rabbia è un emozione da capire, accettare ed affrontare. Reprimerla sarebbe un gesto controproducente, in quanto poi andrebbe fuori controllo. Se noi capiamo perché siamo arrabbiati, possiamo capire il reale messaggio che ci arriva e migliorare: *"Effettivamente ho sbagliato. Se mi miglioro, forse anche lui seguirà il mio esempio"*.

- **Senso di inadeguatezza:** è normale mettersi in dubbio a volte, a tutti noi capita di pensare che non siamo abbastanza, che potremmo fare di meglio. Quando noi veniamo criticati, questo piccolo dubbio viene "risvegliato", e se non abbiamo gli strumenti per combatterlo, allora potrebbe crescere e farci sentire inadatti, abbassando la nostra autostima.

Non c'è nulla di male in questa sensazione, l'importante è controbattere ad essa affrontando efficacemente le critiche che riceviamo con razionalità: *"Ho proprio sbagliato stavolta. Come posso migliorare per non farlo accadere più?"* *"Si è arrabbiato con me, ma direi che il mio errore non è stato così grave, forse ha solo espresso su di me la sua frustrazione"*.

- **Contrattacco:** come abbiamo visto, molte persone si sentono attaccate dinanzi ad una critica. Alcune di esse reagiscono contrattaccando, ci sentiamo giustificati di farlo perché non abbiamo scagliato la prima pietra. Piuttosto che risolvere la situazione in maniera sana e potersi migliorare però, finiamo per dilungare il problema e scatenare un litigio. Capita molto frequentemente che nelle coppie litigi di questo tipo si scatenino per cause minori, soltanto poi per diventare discussioni più intense.

  Questo succede anche perché la risposta all'attacco può non avere nulla a che fare con la critica iniziale: *"Non vai mai a fare la spesa!"* *"E tu invece ti rifiuti di pulire!"* ecc.

- **Difesa:** dal momento che le critiche per alcuni sembrano dei veri propri attacchi, l'istinto è spesso quello di difendersi. Non è che difendersi sia un male, anzi, in certi casi è la soluzione più appropriata dinanzi ad una critica. Il problema però insorge quando l'altra persona sfrutta la nostra difesa per prendere il controllo della situazione, questo vuol dire che assume il ruolo di giudice. Se tu ti difendi continuamente, allora l'altra persona si sentirà in potere perché potrà continuamente trovare falle nella tua difesa. Finché l'interlocutore non sarà soddisfatto delle tue risposte, continuerà a criticarti. Come reagire? Distogliti dalla situazione. Puoi semplicemente dire *"Non ho bisogno che tu approvi ciò che faccio"* o *"Sembra che la pensiamo in maniera diversa, pace"*.

* **Negazione**: un altro metodo per "affrontare" le critiche, è la negazione. Di fronte ad una critica "Non gestisci bene le tue finanze" la risposta è una semplice negazione della critica "So perfettamente come gestire i miei soldi". In alcuni casi questa può essere una risposta assertiva, sempre che sia la verità e che comunque non abbia un messaggio subliminale al suo interno. Per esempio potrebbe voler dire "No, tu non riesci a vedere le cose come stanno". Il problema è che l'altra persona non sarà molto propensa a chiudere la discussione ma anzi, contrattaccherà.

Reagire efficacemente alle critiche

Ora che abbiamo visto le reazioni che più comunemente abbiamo di fronte alle critiche, possiamo prendere un momento di pausa ogni volta che ne riceviamo una e pensare: *"è vero che ho sbagliato? Se sì, questa critica è misurata al mio errore o è esagerata? Sento della rabbia, che cos'è la cosa migliore da fare? Forse è meglio che mi rilasso e rispondo adeguatamente?"*. Dal momento che hai preso coscienza delle varie reazioni, ora puoi cambiarle con delle strategie efficaci. Quello che andremo a vedere ora sono proprio queste strategie per affrontare le opinioni negative altrui. Mentre le leggi, prova a pensare ad alcune situazioni recenti nella quale sei stato criticato e valuta se avresti potuto usare uno di questi approcci, e come sarebbe potuta andare a finire.

- **Rilassati**: questo è un passo essenziale per poter affrontare le critiche con maggiore razionalità. Ricordi l'esercizio di respirazione che abbiamo visto all'inizio del libro? Mettilo in pratica prima di rispondere, rilassa i tuoi muscoli facciali e del resto del corpo, in questo modo ti rilasserai. Le critiche tendono a farci diventare nervosi, e questo porta a delle reazioni spontanee di cui poi possiamo pentirci, rilassarsi aiuta ad essere più equilibrati nella nostra risposta all'opinione negativa.

- **Non farti prendere**: può capitare che la persona che ti critica stia cercando deliberatamente di farti arrabbiare, in modo da togliersi ogni responsabilità. Se per esempio io ti faccio arrabbiare con un offesa, allora tu mi risponderai infuriato, ed io potrò farti passare dalla parte del torto e dirti di calmarti.

  Una strategia efficace in questo caso è ignorare il commento negativo, e focalizzarsi sulla critica vera e propria, sempre che ce ne sia una. In caso contrario, semplicemente allontanati dalla situazione.

- **Non contrattaccare**: come abbiamo visto in precedenza, contrattaccare peggiora soltanto le cose. In questo modo l'altra persona avvertirà che il messaggio che ha mandato non è stato capito, e lo ripeterà con maggiore forza. Questo non fa altro che peggiorare la situazione creando un vortice di rabbia tra entrambe le parti. Evita quindi di scappare dalla critica ed affrontala direttamente, senza cambiare argomento.

- **Sii comprensivo**: non tutte le persone hanno letto questo libro, ed infatti non tutte le persone sanno come comportarsi in maniera assertiva. Proprio per questo motivo potrebbe capitare spesso di incontrare persone che non trasmettono una critica nella maniera migliore, ma non per questo motivo il loro messaggio è sbagliato. Accetta il fatto che non tutti sono bravi a comunicare, e che puoi comunque trarre il positivo da una critica posta nella maniera sbagliata per poterti migliorare.

- **Mettiti nei loro panni**: quando una persona ti critica, prova a metterti nei suoi panni e valuta la loro visione. Potresti scoprire che effettivamente dal loro punto di vista le cose potrebbero avere un aspetto differente da come la pensi tu. Questo potrebbe essere causato da una distorsione cognitiva da parte tua o loro.

  Spesso le persone non vogliono adoperare questa strategia perché odiano "darla vinta" all'interlocutore, ma qual è il vero scopo? Una "vittoria" illusoria, oppure cambiare se stessi per il meglio? Considera anche che l'altra persona potrebbe sentirsi sollevata dal poter avere una discussione tranquilla e civile.

- **Tieni in considerazione le loro emozioni:** se la persona con cui stai parlando è frustrata, cerca di capire perché si sentono così. *"So che ci hai messo tanto impegno e capisco che sia frustrante"* spesso le persone faticano ad esprimere le proprie emozioni, ma in fondo cercano soltanto qualcuno che le capisca. Una volta che si sentono comprese, allora è facile che si tranquillizzino. La loro reazione alle emozioni è stata probabilmente soltanto un segnale per far capire che c'è un problema serio, e comprendendo il problema allora anche l'altra persona starà meglio.

- **Considera i punti sulla quale sei d'accordo:** spesso e volentieri tendiamo a smentire un intera critica solamente perché non ci piace, oppure perché è esagerata. Ad esempio, se ci viene detto *"Sei un pessimo collaboratore"* perché abbiamo consegnato un progetto in ritardo, la reazione spontanea è dire negare completamente quell'affermazione.

  Spesso e volentieri però potremmo dimostrarci d'accordo con l'affermazione e ricorda all'interlocutore che sta esagerando, ad esempio *"Effettivamente, sono stato lento stavolta"*, questo farà mettere i piedi per terra all'altra persona che capirà che ha esagerato.

  Ciò che succede la maggior parte delle volte è che le persone hanno una critica costruttiva da fare, ma non sono in grado di elaborarla come si deve e allora usano un esagerazione.

- **Chiedi di essere più specifico:** come abbiamo visto, le persone sono spesso vaghe quando fanno una critica e la tendenza è di generalizzare la situazione. Se hai commesso un errore nel cucinare un piatto, probabilmente ti sentirai dire che sei un pessimo chef, eccetera. Quando non riesci a capire da dove realmente viene la critica, allora semplicemente chiedi che cosa le ha infastidite: *"Cos'è che ti ha infastidito esattamente?"* *"So che potrei aver sbagliato, ma offendendomi non cambierà nulla"*.

- **Non inventare scuse:** non cercare sempre delle scuse per ciò che è successo *"è vero ho sbagliato, ma è stato perché..."* *"Sono arrivato in ritardo ma non è stata colpa mia..."*, evita di arrivare a tanto e spiega semplicemente che sai di aver sbagliato e farai il possibile per non farlo capitare più. Ovviamente, certe volte può essere il caso di dare una spiegazione razionale al tuo errore se davvero non meriti di essere criticato.

- **Accetta ciò che gli altri pensano:** ricorda sempre che tu non detieni il controllo su ciò che gli altri pensano. Non direttamente, almeno. Tutto ciò che puoi fare è esprimere le tue opinioni e spiegarle. Se insisti troppo nel volergli fare cambiare idea, stai perdendo il controllo di te stesso, perché in quel momento loro assumeranno il ruolo di giudici e potranno controbattere ad ogni tua spiegazione del tuo punto di vista. Quindi semplicemente accetta che non puoi avere il controllo su di loro, e spesso le persone saranno convinte del contrario di ciò che pensi tu.

- **Rispondi come ti è stato chiesto:** reagisci alle critiche che ti vengono fatte con lo stesso tono. Se qualcuno ti critica in maniera cortese e cordiale, allora rispondi pure in maniera altrettanto gentile. Se invece qualcuno ti critica aspramente rasentando l'insulto, rispondi cortesemente *"Grazie per avermi informato di questo mio errore. Di solito preferisco che mi venga detto direttamente il problema anziché essere insultato"*.

- **Ringrazia della critica:** non dimentichiamo che le critiche sono sempre un occasione per crescere e migliorare se stessi. Anche se ci vengono poste in maniera scortese, sono pur sempre dei punti di vista che possiamo valutare, ed è bene sempre rispondere ringraziando dell'opinione. Se una persona ti ha criticato aspramente e viene ringraziata, allora questo potrebbe anche farle capire che è il momento di iniziare ad essere più umani nell'esprimersi.

- **Prendi tempo:** non devi per forza rispondere sul momento. Qualche volta può capitare che hai troppe cose per la testa e preferisci pensare più intensamente a ciò che è successo per farti un'idea più chiara della critica. Semplicemente esterna questa tua volontà di pensarci e discuterne in un secondo momento.

Ora che abbiamo visto quali i migliori modi per reagire alle critiche altrui, allora facciamo un po' di esercizio. Troverai degli spazi per fare esercizio e poi potrai implementare queste strategie per affrontare le critiche nella vita reale.

Pensa ad alcune critiche ricevute recentemente, soprattutto quelle alla quale hai risposto peggio. Riformula la critica che hai ricevuto e scrivi la risposta che hai dato, dopodiché invece scrivi una risposta assertiva che potresti dare in futuro.

Critica ricevuta:

_____

_____

_____

_____

Risposta data:

_____

_____

_____

_____

Risposta assertiva:

_____

_____

_____

_____

Critica ricevuta:

_____

_____

_____

_____

Risposta data:

_____

_____

_____

_____

Risposta assertiva:

_____

_____

_____

_____

Critica ricevuta:

_____

_____

Risposta data:

Risposta assertiva:

CAPITOLO 12

Smettere di scusarsi sempre

Le persone poco assertive, in particolar modo i passivi, conoscono bene questa brutta abitudine di scusarsi sempre, anche quando non è assolutamente necessario, oppure dovrebbe essere l'altra persona a scusarsi. È una pessima abitudine che può diventare una reazione automatica se viene portata avanti per abbastanza tempo. Questa mania può diventare frustrante non soltanto per te, ma anche per le persone che ti circondano: amici, colleghi, familiari eccetera.

Perché ci scusiamo così spesso?

Anzitutto andiamo a capire come mai ci scusiamo così spesso? Quali sono le cause di questa strana abitudine? La risposta, nella maggior parte dei casi, è da andare a ricercarsi nella nostra infanzia, infatti è proprio in quel periodo che ci viene insegnato il valore dell'educazione e del comportarsi in maniera cortese.

Ci viene spiegato che è sempre bene chiedere *Per favore,* dire *Grazie* ed infine chiedere anche *Scusa.* Noi assumiamo questi atteggiamenti come atti di cortesia e lo impariamo presto dal momento che li usano (quasi) tutti, la nostra psiche però ha il tempo di assorbirli ed inizia a pensare che essere educati vada a braccetto con piacere alle altre persone.

Scusarsi in maniera eccessiva potrebbe essere un tentativo di mostrare rispetto per le altre persone. Tuttavia questo rispetto potrebbe scivolare in una direzione indesiderata se iniziamo a valutare le opinioni delle altre persone con eccessiva rilevanza, addirittura evitando di esprimere la nostra opinione per non contraddire gli altri.

Questa tendenza allo scusarsi eccessivamente in effetti somiglia molto ad un tentativo di evitare il conflitto. Spesso chi si scusa troppo usa questa tattica per estrarsi da una situazione di confronto, anche se in realtà non meriterebbe di essere criticato, la preferenza è sempre quella di "scappare" dal conflitto chiedendo scusa. Questa pessima abitudine dello scusarsi sempre ha un effetto altamente negativo sulla vita in generale. Anzitutto si presuppone che tu non abbia il pieno controllo della tua vita, dal momento che dai sempre ragione agli altri e quindi le decisioni non vengono prese con la tua volontà. Inoltre dal punto di vista sociale (che comprende anche la sfera lavorativa) quest'istinto di scusarsi continuamente ha un effetto deleterio sull'autostima, che le altre persone noteranno e si tramuterà in uno scarso rispetto.

Ecco perché scusarsi sempre è dannoso per te

Scusarsi sempre è dannoso per una serie di rilevanti motivi, vediamo quali sono.

- **Non sarai sincero:** quando una persona mente di continuo alle altre persone, allora queste la percepiranno come non sincera. Lo stesso può facilmente accadere quando ti scusi sempre, infatti il più delle volte non credi di doverti scusare, ma lo fai per paura delle conseguenze. Le persone intorno a te percepiscono questa mancanza di naturalezza e di conseguenza il potere delle tue parole diminuisce.

- **Insicurezza:** scusarsi sempre è chiaramente un segno di bassa autostima, ma non solo, riduce attivamente la tua autostima. Questo tipo di persone si scusano anche quando non avrebbero alcun motivo di farlo, e per questo motivo dimostrano molta insicurezza e dubbio.

- **Desiderio dell'approvazione degli altri:** chiedere scusa è un metodo per evitare i conflitti, certo, ma è anche un metodo (perlopiù inefficace) di essere rassicurati dagli altri. Se per esempio porti a termine un progetto e ti scusi senza motivo, puoi anche aspettarti che ti venga detto *"Non scusarti, te la sei cavata bene"*.

- **Impotenza**: se il turno di scusarsi è sempre il tuo, allora ciò può creare uno sbilanciamento all'interno delle tue relazioni (professionali e non) che può portarle a prendere una brutta piega.

- **Compromettere le proprie capacità professionali**: essere dei leader richiede sicurezza in se stessi. Devi avere una chiara visione di ciò che vuoi e non vuoi, di ciò che è giusto o sbagliato per te. Il problema è che coloro che si scusano troppo danno troppa importanza all'opinione degli altri e scartano la propria. Questo problema infatti potrebbe impedire di perseguire la propria carriera professionale.

Se hai l'abitudine di scusarti troppo spesso, allora almeno uno di questi problemi sicuramente ti riguarda. Probabilmente ti rendi conto che non ti piace essere così e vuoi essere percepito in maniera diversa. Non ti preoccupare, essere assertivi vuol dire anche sapere quando scusarsi e quando non farlo, con la giusta dose di pratica si può risolvere anche questo problema.

Come smettere di scusarsi sempre

Andiamo a vedere i tre punti principali da seguire per poter combattere questa brutta abitudine dello scusarsi sempre e diventare delle persone assertive sotto tutti i punti di vista.

1. Pensa alla tua esperienza personale e valuta come la tua infanzia potrebbe avere avuto influenza su di te.

Per poter liberarsi da questa pessima abitudine è necessario capire come gli insegnamenti che abbiamo ricevuto da piccoli hanno modificato il nostro comportamento. Può sembrare ininfluente, ma sappiate che trovare la radice di una credenza, ci permette di affrontarla con più razionalità. In poche parole, quando capisci perché tu hai un determinato atteggiamento, ecco che allora riesci a cambiarlo in maniera più efficace.

Ecco delle domande che puoi porti per capire a fondo il tuo atteggiamento:

- Qual è la tua reazione spontanea quando ti viene detto "no"?
- Quando eri più piccolo, era accettabile dire la propria opinione? Anche se era controversa?
- Nella tua famiglia, ti spronavano a difenderti, oppure ad evitare sempre il conflitto?
- Ci sono degli eventi nella tua infanzia che possono avere avuto un impatto negativo sulla tua assertività? *(es. genitori molto autoritari, problemi a relazionarsi con gli altri ecc.)*

2. Riconosci in quali situazioni tendi a scusarti di più

Inizia a riconoscere man mano quali sono gli ambienti, le persone, i momenti della giornata o gli umori in cui ti trovi che più scatenano quest'impulso di dire scusa. Magari questa abitudine potrebbe manifestarsi molto sul luogo di lavoro ma per nulla a casa. Oppure parlare insieme al tuo capo od un particolare collega scatena particolarmente la mania dello scusarsi.

3. Inizia a rimpiazzare gli "scusa" con ciò che realmente pensi

Ovviamente non sarà facile inizialmente, dal momento che hai portato avanti questa abitudine per tanti anni, ma i risultati saranno fin da subito palpabili. La prossima volta che devi dire qualcosa che scatena la mania dello scusarsi, prova a formulare una frase che non includa delle scuse.

Ad esempio, se devi comunicare ad un amico che non potrai fare la gita che avevate programmato per il weekend, spiegati in questo modo *"Sai, proprio non riesco perché ho avuto… grazie per aver capito. In questo periodo sono veramente carico di lavoro"*. Mi sembra molto sano dire una cosa del genere, piuttosto che farsi prendere dai sensi di colpa e dire *"Mi dispiace, lo so, sarei dovuto venire, scusami… non riesco proprio, a lavoro sono un disastro"*.

Capisci come scusarsi sempre non è assolutamente necessario e chi riceve la scusa potrebbe anche sentirsi a disagio. Ognuno ha le proprie esigenze, opinioni e volontà e quindi anche tu. Falle valere e sappi che vale la pena scusarsi soltanto quando hai veramente commesso un errore. Le conseguenze altrimenti sono una pessima immagine di sé, scarse abilità relazionali ed una vita che non vivi come realmente vorresti.

Conclusione

Complimenti! Sei giunto al termine di questo manuale per diventare delle persone assertive. Spero che a questo punto tu abbia già completato alcuni degli esercizi assegnati e ne abbia visto i benefici. Sicuramente starai anche commettendo degli errori nel percorso, ma è perfettamente normale, d'altronde è la pratica a rendere perfetti. Gli errori sono un ottima opportunità per poter capire dove c'è bisogno di mettere il focus ed impegnarsi di più. Spero anche che tu abbia avuto modo di vedere anche alcuni successi, per quanto piccoli.

D'altronde, hai speso degli anni interi ad utilizzare delle tecniche comunicative altamente inefficaci, come ad esempio lo stile aggressivo, passivo oppure passivo aggressivo. Come qualsiasi persona che abbia utilizzato uno di questi approcci comunicativi, ormai è diventata un abitudine e quindi è la strategia automatica per relazionarsi con le persone. È normale che per acquisire la tua nuova fantastica abitudine dell'essere assertivo devi inizialmente sforzarti di andare controcorrente.

La tua mente vorrà tornare alla vecchia abitudine perché si sente meglio quando sta in un luogo che conosce meglio, ma dovrai usare la tua forza di volontà per fermarti e chiederti *"Come posso essere più assertivo in questa situazione?"*. Dovrai fare questo sforzo inizialmente, ma poi vedrai come pian piano diventerà una seconda natura essere assertivo. Ti capiterà infatti di affrontare situazioni con assertività senza nemmeno accorgertene, davvero. Quando ti troverai da solo e ci ripenserai verrai colto da una grande sensazione di gioia nello scoprire che l'assertività si sta "asserendo" all'interno della tua mente in maniera graduale.

Si arriverà al punto che la maggior parte delle situazioni agirai con assertività, se metti l'impegno iniziale di fare un cambiamento. È normale che poi certe volte possa capitare di agire secondo i tuoi vecchi standard, ma non c'è nulla di cui preoccuparsi. Abbiamo visto in precedenza come essere assertivi non vuol dire essere perfetti, anzi. Significa accettarsi per come si è, quindi anche quando ci si lascia prendere dalle emozioni e si esagera, d'altronde siamo tutti umani. Un assertivo però è empatico con gli altri e con se stesso, infatti riconosce il proprio errore e tenta di non farlo accadere più in futuro.

Prima di raggiungere anche delle piccole abitudini automatiche di assertività però è indispensabile:

- **Affrontare il primissimo periodo di cambiamento** durante la quale sperimenterai degli approcci (assertivi) che non hai mai usato prima. Inizialmente sarà difficile e dovrai affrontare il discomfort che il cambiamento porta naturalmente con sé.

- **Fare tanta pratica**. Questo è l'unico vero modo per costruire un nuovo sé assertivo una volta che i concetti teorici sono stati acquisiti. Leggere il manuale ovviamente ti spiega cosa vuol dire essere assertivi e come puoi esserlo anche tu, ma è chiaro che tu devi fare uno sforzo costante per migliorare. Non è abbastanza provarci qualche volta e vedere come va. Inizialmente il tuo percorso sarà costellato da imperfezioni e fallimenti, ma la persistenza porterà con sé i risultati. Ricorda che la tua mente tenterà spesso di farti tornare indietro soltanto perché è un terreno che conosce bene, ma tu dovrai agire contro il tuo istinto.

- **Non limitarti a piccoli cambiamenti**. Ovviamente inizialmente bisogna cominciare con piccoli passi, ma non accontentarti dei piccoli risultati: una volta che raggiungi un obbiettivo, lavora per diventare sempre più assertivo. A quale scopo? Se diventi assertivo sotto ogni aspetto, riavrai il completo controllo della tua vita.

- **Ricorda che l'assertività non ha nulla a che fare con l'aggressività**. Non facciamo confusione su questo punto, essere assertivi vuol dire avere fiducia in ciò che si pensa e tentare anche di capire ciò che pensano gli altri. Ovviamente tutto questo processo diventa più facile facendo pratica, ma la nostra mente tende sempre a cercare l'approccio più semplice al problema (come essere passivi o aggressivi), anche se a lungo termine porta risultati peggiori. L'assertività richiede che noi siamo presenti in ogni momento: che usiamo la nostra testa per capire gli altri e gestire le nostre emozioni. Significa controllare la propria parte animale e trarne soltanto il meglio.

"Perché sforzarsi di essere delle persone assertive se posso anche essere passivo o aggressivo? È molto più semplice." È vero, è più semplice, ma in ogni caso non vivrai la vita che vorrai davvero e le tue relazioni saranno sempre peggiori. Il punto è che noi siamo unici ed ogni nostra volontà o idea vale la pena di essere sentita. Ricorda che i passivi e gli aggressivi vivono entrambi dentro uno stato di paura costante, semplicemente reagiscono ad essa in maniera diversa. Vuoi davvero vivere una vita nella paura di ciò che gli altri pensano? Scappando dal loro giudizio e nascondendo le tue vere opinioni, oppure usando la forza per sottomettere gli altri? Puoi vivere nella finzione se vuoi, e far finta di essere invisibile oppure avere il finto rispetto degli altri perché sono impauriti da te, ma la verità è che non si può essere felici vivendo in questo modo.

L'unico modo per essere veramente soddisfatti della propria esistenza è essere assertivi, e questo vuol dire essere genuini, veri con se stessi, rispettare gli altri ed imparare a convivere in una comunità. Esprimere le proprie idee, prendere il timone della propria imbarcazione e seguire i propri sogni, anche lasciando indietro alcune persone quand'è necessario. In fondo sappiamo tutti quanti che è così. Possiamo fare finta di non aver bisogno degli altri, oppure che le nostre opinioni non contano, ma a conti fatti torniamo sempre ad essere infelici e cerchiamo la soluzione.

La soluzione è l'assertività. È qui e funziona. Sta a te prendere in mano gli insegnamenti che hai appreso e diventare tu stesso quella persona che gli altri vedono come esempio. Quando sei assertivo puoi finalmente perseguire i tuoi obbiettivi nella maniera migliore, se vorrai essere un leader potrai farlo, se non hai grandi ambizioni puoi vivere come preferisci ma sempre rispettando te stesso e le tue idee. Rispettando anche gli altri, che esistono come te con le loro idee ed esigenze, guadagnerai il loro rispetto. Spesso le altre persone non saranno molto amichevoli e ci approcceranno in modi che non ci piacciono, ma non per questo dobbiamo smettere di essere assertivi. Non essere assertivi significa raccontare a noi stessi che così come siamo non è abbastanza e quindi dobbiamo nasconderci, oppure che gli altri devono essere come noi e dunque vanno sottomessi al nostro controllo.

Ciò non è possibile. Le nostre opinioni, anche se noi le sotterriamo, sono sempre lì e non moriranno, anzi, continueranno a crescere dentro di noi ed ogni giorno che le nascondiamo è un giorno che soffriamo. Per le altre persone è uguale, possiamo costringerle ad agire come vogliamo noi, ma infine esse continueranno ad avere le proprie idee, volontà e sogni, non importa quanto noi cerchiamo di avere il controllo. Con l'assertività diventiamo degli esseri umani completi con pregi, difetti, differenze rispetto agli altri. Non ci vergogniamo di ammetterlo ma anzi rendiamo tutti ciò che ci costituisce il nostro punto di forza. Non abbiamo bisogno di impressionare gli altri e tantomeno di spaventarli. Siamo finalmente liberi dalla nostra paura che ci lega mani, piedi e soprattutto la mente. Possiamo finalmente ragionare in termini razionali ed affrontare la vita nella maniera che noi stessi reputiamo migliore.

Non è un compito semplice, lo so. Ma quanto è semplice vivere un intera vita di desideri insoddisfatti, idee non espresse, sensi di colpa, relazioni scadenti, bassa autostima? Non credo che sia molto semplice. Non è forse arrivato il momento di diventare assertivi? I passi per cambiare li abbiamo visti, tutto ciò che resta è la pratica, l'impegno, la sicurezza che *migliorare si può e si deve*. Ogni tanto volgi lo sguardo al tuo obbiettivo ma ricorda di vivere ogni passo del tuo cammino con gioia.

Printed in Great Britain
by Amazon